高校科研管理的理论与实践研究

杨婷 著

延吉·延边大学出版社

图书在版编目（CIP）数据

高校科研管理的理论与实践研究 / 杨婷著. -- 延吉：
延边大学出版社，2024. 9. -- ISBN 978-7-230-07168-0

Ⅰ. G644

中国国家版本馆 CIP 数据核字第 2024GW3668 号

高校科研管理的理论与实践研究

GAOXIAO KEYAN GUANLI DE LILUN YU SHIJIAN YANJIU

著　　者：杨　婷
责任编辑：王治刚
封面设计：文合文化
出版发行：延边大学出版社
社　　址：吉林省延吉市公园路 977 号　　　邮　　编：133002
网　　址：http://www.ydcbs.com　　　　E-mail：ydcbs@ydcbs.com
电　　话：0433-2732435　　　　　　　传　　真：0433-2732434
印　　刷：廊坊市广阳区九洲印刷厂
开　　本：710mm×1000mm　　1/16
印　　张：12
字　　数：220 千字
版　　次：2024 年 9 月 第 1 版
印　　次：2024 年 9 月 第 1 次印刷
书　　号：ISBN 978-7-230-07168-0

定价：78.00 元

前　　言

在 21 世纪的科技浪潮中，高等教育机构作为知识创新与社会进步的重要驱动力，其科研管理水平的高低直接影响着科研成果的产出质量与国际竞争力。随着全球化和信息化的深入发展，高校科研活动日益呈现出跨学科、国际化、复杂化的趋势，这为科研管理带来了前所未有的挑战与机遇。在此背景下，如何构建高效、科学、人性化的科研管理体系，激发科研人员的创新活力，促进科研成果的转化与应用，成为摆在每一位科研管理者面前的重要课题。

近年来，我国高等教育事业蓬勃发展，高校科研投入持续增加，科研成果丰硕，国际影响力显著提升。然而，与此同时，我们也应清醒地认识到，科研管理的实践中仍存在着资源配置不均、评价体系单一、成果转化不畅等问题，这些问题在一定程度上制约了高校科研的持续健康发展。因此，深入探讨高校科研管理的理论与实践，对推动高校科研管理现代化，提升我国科技创新整体水平，具有十分重要的意义。

本书正是在这样的背景下开始写作的。本书旨在通过系统梳理国内外高校科研管理的最新理论成果与实践经验，结合我国高等教育的实际情况，深入剖析高校科研管理的内在规律与外在环境，提出一套既符合国际趋势又具有中国特色的高校科研管理策略与路径。

本书共八章。第一章分析了高校科研与管理的相关内容；第二章对高校科研管理主体与客体进行了介绍；第三章从能动性、复杂性等方面对高校科研管理进行了分析，并探讨了高校科研管理创新的意义和主要措施；第四章论述了高校科研管理组织结构；第五章介绍了高校科研人才管理与创新；第六章和第七章从多个方面对高校科研评价体系进行了论述；第八章探讨了高校科研管理的信息化建设。

虽然笔者已尽力搜集整理了大量文献资料，深入调研了多所高校的科研管理实践，但受限于个人学识与经验，书中难免存在疏漏之处。因此，笔者衷心希望广大读者能够不吝赐教，批评指正，共同推动高校科研管理研究与实践的不断发展。另外本书直接或间接地汲取、借鉴了中外学者们的成功经验与学术成果，在此，向一切给本书提供借鉴与帮助的学者们表示最诚挚的谢意。

杨婷

2024 年 8 月

目　　录

第一章　高校科研与管理

高校科研管理作为一项实践活动，已存在很长时间。但是，目前把高校科研管理作为一门科学进行理论研究的成果并不多见。了解高校科研，明确高校科研管理的指导思想、基本原则、体制等是十分必要的。

第一节　高校科研概述

人类之所以能够认识事物，是因为人类具有思维。人类的思维是由一系列概念按照一定的逻辑结构与连接方式组成的，因而概念对思维或认识来说具有基础性作用。韦伯（Max Weber）认为："对概念的入门性讨论尽管难免会显得抽象，并因而给人以远离现实之感，但却几乎是不能省略的。"概念是人类思维的基本单位，反映客观事物的一般的、本质的特征，是人们认识客观事物的逻辑起点。不言而喻，在探讨高校科研之前，无疑需要事先明确一些与之关系密切的重要概念，即界定一些核心概念。

高校兼有人才培养、科学研究、社会服务、文化传承和学术交流的职能，显然不是一个单一的科学研究场所，因而其科研性质及特点必然与专门的科研院所以及其他机构或部门有所不同，也就是说，高校科研在性质及特点上具有独特性。高校科研包含高校和科研两个基本概念，有必要在此对其逐一加以阐释。

一、高校

　　高校是高等学校的简称，是大学、专门学院和高职高专院校的统称，是从事高等教育活动的主要机构。"高校"与"大学"两个概念之间本有区别，"高校"的英文翻译对应"college and university"，"college"对应的高校是专业化的学院，其专业性很强，一般没有工程学、医学等专业，只有文科和理科，不过，"college"有时也泛指大学和学院；"大学"在英文中常被翻译为"university"，"university"对应的是综合性大学，学科比较齐全，规模通常也比较大，有时人们将"university"下设的学院也称为"college"。"college"来自拉丁语"collegium"，后缀"um"表示"场所"，其字面意思就是"community of colleague"，表示一群人在一起生活、学习的场所。"university"一词源于拉丁语"universitas"，其本义为行会、团体，后引申为"为学习和研究某种学问而自愿结合起来的师生共同体"。到了 18 世纪，高校有了更为广泛的含义，人们往往认为它是近代自然科学和社会科学的诞生地。1809 年，洪堡（Karl Wilhelm von Humboldt）提出依照"教学与科研相结合"原则建立柏林大学，塑造了教学与科研相结合的现代大学新模式。1869 年，美国建立了一所完全具有综合性大学组织特征的大学——康奈尔大学；1876 年，约翰·霍普金斯大学建立，从一开始就注重科研和研究生教育，成为同类大学的佼佼者。对科学知识进行不断探索与追求不仅是高校本身应当承担的责任，也是促进高校不断发展，为社会提供优秀人才的必要保障。从总体来看，不论高校的含义如何变迁，其基本含义均是一群有共同目的或兴趣的人一起生活与学习的场所。本书所指高校既包括 college 对应的专业性学院，又包括 university 对应的综合性大学。

　　随着高等教育的价值不断凸显，人们接受高等教育的意愿不断增强，作为高等教育的主要机构——高校也越来越多。目前，高校的类型较多，本书所言高校专指全日制普通高等学校，包括全日制综合性或多科性大学、全日制专业性学院、全日制高等专科学校、全日制高等职业学校、全日制的独立学院、全日制的民办高校。

二、科研

科研是科学研究的简称。要想明确"科研"之意，必先明确"科学"之义。"科学"有多种理解，《辞海》将之定义为"关于自然、社会和思维的知识体系"，但因其没有完全反映科学的本质含义，因而并未被普遍接受。关于科学的概念界定主要存在三种观点：

第一种观点是从知识、知识体系的角度，把科学看作认识自然及其规律的理论体系，认为科学相对于一般知识，不仅要经过充分论证和验证，而且必须是规范化的、体系化的；科学是关于自然、社会和思维的客观规律的分科的知识体系，是人们在社会实践的基础上产生和发展而成的经验总结；科学是有系统、有组织的知识，特指研究自然物质及现象的学问。

第二种观点是从过程的角度出发，认为科学是一种活动，是一种特殊的思想和行为。

第三种观点主要从功能和社会影响的角度出发，认为科学是维系一定社会职能的社会体制和社会系统。

正如贝尔纳（J. D. Bernal）指出的那样："科学可作为一种建制，一种方法，一种积累的知识传统，一种维持或发展的主要因素，以及构成我们的诸信仰和对宇宙和人类的诸态度的最强大的势力之一。"

科学是人们关于自然、社会和思维的现象及其客观规律的分科理论体系，包括自然科学、技术科学、人文科学和社会科学。研究是指探求事物的真相、性质、规律等。结合对科学的多种理解概念，我们把科研理解为揭示客观事物的本质和规律，以获得关于客观事物与过程的系统认识的社会活动。

根据科研活动的目标不同，世界各国都习惯按照联合国教科文组织的分类法，将科学研究划分为基础研究、应用研究与开发研究三种类型。

基础研究，是指为了获得现象和可观察事实的基本原理、规律和新知识而进行的实验或理论研究活动。基础研究的目的在于发现新的科学领域，为新的技术发明和创造提供理论前提。通常来讲，基础研究是不以任何的实际应用或者使用为目的的，其研究对象是科学，是对新理论、新原理的探讨。范内瓦·布什（Vannevar Bush）等在著作《科学——没有止境的前沿》中指出，"基础研究的目标是拓展对世界的基本认识，基础研究产生的是一般知识以及对自然界规律的认识""基础研究是基础进步的主要源泉，基础研究应当从过早考虑实际价值的短视目标中解放出来"。基础研究包括战略性基础研究、自由探索性基础研究。

应用研究，是指为了获得新的科学技术知识并服务于应用目的而进行的独特的研究活动，是针对某一特定的实际应用领域，探索将科学知识和科学理论等基础研究成果应用到生产实践中去的可能性。应用研究具有与基础研究相似的功能特点，但更具有实用目的，它所要解决的是具有方向性的或带有普遍性的工艺技术问题，是联系科学和技术的纽带或桥梁。应用研究的目的在于为基础研究的成果开辟具体的应用途径，使之转化为实用技术。

开发研究，是指为了寻找可以直接应用于教育实践的具体技术，研究者运用已有的基础研究和应用研究的相关成果，以探讨具有某种实施价值的规划、对策、方案、方法、程序等为目的的一种研究类型。开发研究既是科学研究工作，又是技术开发活动。它的成果一般是样品、样机、装置原型等。就产品而言，开发研究是以具体的产品为对象，对实际型号、规格的样品方案进行探讨，包括设计、试制、试验工作，直到新产品定型，确认可以正式交付生产或投入市场为止的全部研究开发工作。因此，它是新产品发展的前期研究。开发研究是中、小型企业内研究单位的主要工作范畴。开发研究是联结科研与生产的纽带，是科学转化为生产力的中间环节。科学技术从研究到推广应用的重要环节就是开发研究，开发研究是把基础研究、应用研究应用于生产实践的研究。

本书所言科研，是指人们揭示自然、社会和思维的现象、本质及其客观规律，以获得关于客观事物与过程的系统认识的社会活动，包括自然科学、技术科学、人文科学和社会科学领域中的基础研究、应用研究及开发研究。

三、高校科研

高校与科研院所都是国家知识创新的集中地。不同的国家，科学中心也有所不同。法国的科学中心在科学院，而德国的科学中心在大学。科研院所系统与高校系统并置是我国知识创新体系最明显的特点，即在高等教育系统之外设置一个科研院所系统，包括中国科学院、中国工程院等，主要承担与国家经济建设和社会发展有关的重大科研项目。科研院所系统和高校系统分属不同管理系统，形成并行发展之势。高校具有学科和人才方面的优势，积聚着巨大的科学技术潜力，是发展科学技术的重要基地。高校科研是国家科研工作系统中的一员，同时也是高校工作系统中的一个子系统。从高校的性质出发，不难推断，高校科研除了具有一般科研的共同特性外，还具有自身的独特性。其中，育人性——通过科研促进人才培养的特性，是高校科研最为鲜明的特性。由此可见，高校科研不但为当代科学与社会的发展做着贡献，而且为高校的学科建设与人才培养做着贡献。本书所涉及的高校科研，是指高校全体师生员工在自然科学、技术科学、人文科学和社会科学领域中所开展的基础研究、应用研究和开发研究。

第二节　高校科研管理概述

高校科研管理已经积累了许多丰富的经验，高校科学研究也发生了很大变化。项目经费的资助力度、参与科研的高校教师数量、科学研究的普及程度、科研成果的创新等，都已进入一个全新的阶段。

一、高校科研管理的指导思想

改革和完善高校科研管理的体制和机制是发展高校科研管理的重要一环。我们要以改革的姿态、务实的态度、创新的精神，不断探索，不断完善高校科研管理的相关机制。

第一，要建立确保高校科研管理重要地位的体制，从制度上避免说起来重要、做起来次要的情况。要切实落实高校科研管理的重要地位，就要对高校科研管理进行全局规划、全程规划、全面规划，整体把握，总体决策，确保高校科研管理的重要地位落实到师资建设、学科建设、经费投入、氛围营造等各个环节，同时又分工负责，做到职责、权利分明，保证高校科研管理的各项工作有目标、有规划、有要求、有条件、有措施。

第二，要正确认识和处理学校发展过程中的一些基本矛盾关系，促进科研与学科建设、科研与人才培养的共同发展。在科研与学科建设的关系方面，科研的方向和成果是学科建设的主要标志，学科建设特别是研究方向要根据科研的需要不断调整。科学研究经过长期发展，会形成若干个学科和研究方向。这些学科和研究方向向纵深发展，与其他学科和研究方向的区别愈加明显，形成较稳定的学科和研究方向。这是学科通过分化不断深化的一种形式，通过综合不断深化是另一种形式。在对一个复杂现象的多学科交叉研究、联合攻关中，会形成新的学科和研究方向。后一种形式更值得我们重视。要坚持以科研为龙头，整合、提升传统优势学科，培育新兴、交叉、边缘学科，尤其要大力推动各学科间相互渗透、相互结合、相互融合，努力构建具有中国特色的学科体系。

第三，在科研与培养人才关系方面，要坚持科研与人才培养相互促进，避免科研与教学"两张皮"的现象。高等学校肩负着教学和科研的双重任务，要重视科研成果向教学的转化，在教学中及时反映科研新成果，使科研成为教学改革的动力，促进教学内容和教学方法的更新，不断提高教学质量。科研管理人员不仅要对科研本身进行管理，还要对整个学校的发展、对人才培养通盘考虑、建言献策。

要正确认识和处理数量与质量、个人与团队等的关系，促进科研水平与人才素质的共同提高。对科学研究来说，数量是基础，质量是生命。没有一定的数量，就不可能有高质量；没有质量的提高，数量也就失去了意义。目前，我国高校科研的主要问题是高质量的精品少。我们要建立起保证数量、强调质量的评价标准和评价机制。

在个人与团队的关系方面，要充分发挥学科带头人、学术骨干的作用，充分发挥他们把握方向、战略设计、宏观规划、全面协调的作用，改变个体分散、零敲碎打的局面，形成人才梯队、学术团队，形成科研联合攻关的能力。要尊重科研人员独立研究、自由研究的特点，有总有分，有分有合。要加速高校科研创新团队建设和学术带头人培养工作，努力造就一批用马克思主义武装起来的、立足中国、面向世界、学贯中西的思想家和理论家；造就一批理论功底扎实、勇于开拓创新的学科带头人，造就一批年富力强、政治和业务素质良好、锐意进取的青年理论骨干。

第四，要形成有效机制，处理好竞争与合作的关系。我们要通过创新，努力构建能保证科研主体自主性的空间，打造既能促进良性竞争，保证优秀的人才、优秀的成果能脱颖而出，又能确保人才合作团结、互通有无的健康环境。这样可以促进学校和学科的可持续发展。

二、高校科研管理的基本原则

高校科研管理的基本原则应根据今天的形势重新界定，要有利于高校科研事业的发展，有利于充分调动广大科研人员的积极性，有利于促进科技、教育、经济协调发展，有利于科研资源最优化配置。

（一）公平合理原则

高校科研管理的对象是人，对所有的科研人员要一视同仁。科研选题的评审，不能看选题的人，而要看报选的课题。无论是年轻科研人员还是知名专家学者，在科学研究面前一律平等。没有公平，科学研究就无法推陈出新，就难以选拔、培养年轻科研人员。在运用科学研究管理的各种方法时，必须以公平合理原则为指导，不能以个人意志来决定。公平并不是平均，在科学研究中是不能讲平均主义的，公平合理也是反对平均主义的。不论科研人员是有一定行政权力的人，还是一位普通教师，只要其有良好的科研能力，有科学思想，提出了好的选题，又有明确的研究路线，就应得到资助。

（二）支持重点原则

在高校科研管理中，经费的分配、项目的审批、人员的培养、成果的报奖等整个高校科研管理的各个环节，都应该始终贯彻支持重点原则。

科学研究中存在马太效应，即一个人科研能力越强，所获得的科研资助、得到的科研荣誉越多。科学研究需要科学精英人才来完成，各级科研主管部门都乐意将有限的科研投入分配给那些具有科学研究能力、有科学思想的人，这些人最容易出成果。

贯彻支持重点原则符合科学发展的规律。科学研究的目的，一是出人才，二是出成果。国家科研资源有限，一所高校年科研经费不会平均分配，往往会重点资助那些优秀人才。在贯彻支持重点原则时，学校主管部门要真正全面了解重点支持对象的综合素质，尤其是科学道德素质。如果发现支持对象存在着不可改正的缺点，就要用行政管理手段停止支持。在管理中要真正能从重点支持对象中培养造就出国内外著名的专家。同时不要盲目地支持重点，人为造成有些人因承担项目太多而无力按期完成，更多的人则没有课题可做的现象。

支持重点原则，往往与人才流动紧密相连。有些高校为了留住人才，往往将多种科研荣誉、多种科研项目交给这些拔尖人才，可结果并不尽如人意。在具体管理中，要注意因人而异，区别对待，能够继续支持的就支持，没有必要继续支持的就要停止支持。

（三）系统协调原则

管理是取得管理者、管理对象、社会应用单位最高程度的协调，尽可能地减少矛盾。高校科学研究的最大目标，就是发展科学研究事业，促进创新人才的培养和社会经济的发展。高校科学研究管理者、研究人员、研究成果应用的社会单位是一个有机的整体，也是一个完整的系统。应从系统的整体出发，在把握整体与部分、部分与部分、整体与外部环境的相互制约、作用、联系中，充分发挥系统的整体作用，协调各自利益，达到效益最大化。

一个完整的系统由各个子系统组成，子系统又由元系统构成。高校科研系统由各个院系科研子系统组成，各个院系科研子系统又由各个专业、研究室、实验室元系统构成，元系统又由一个个课题组组成，而课题组是由研究人员组成的。这是一个复杂的整体系统。这个整体系统内部大大小小的组成部分，由于各自的利益、地位、出发点不同，不可避免地会产生矛盾。一个高校科研系统又和教学、后勤、人事等系统发生关系和冲突，同时又与上一级科研管理的大系统产生关系和矛盾，与兄弟院校科研管理系统之间也会发生矛盾。在复杂的系统内部、外部之间，科研管理的主要职能就是协调关系，处理矛盾，解决冲突，提高效率，扩大效益。高校科研管理的系统协调原则是极其重要的原则。

系统的最大特点在于整体的功能大于各部分之和，这一原理为系统协调原则提供了理论依据。和谐、团结、协作对高校科研管理来说是非常重要的。管理的实践中往往存在着多种形式的、不同程度的冲突，这必然会降低系统的效益，而及时发现、处理冲突带来的负面影响，使之尽可能小地影响科学研究的顺利进行，是贯彻系统协调原则的一项重要内容。

冲突的功能具有双重性。冲突可以引起学术思想的争论，进而促进科学研究的深入发展，有利于选题的提出和科学发现的诞生。团体内的冲突有助于使现存的规范恢复活力，有助于新规范的出现。灵活的系统管理要能从冲突中获益，要能通过创立和修正规范来保证冲突在变化的条件下继续存在并发生作用。

高校科研管理的系统协调原则，就是运用系统原理、冲突原理，一方面，把冲突造成的破坏减小到最低水平；另一方面，使冲突产生有效、积极的结果，保证管理的整体性、连续性，使系统整体获得健康的发展，求得科研效益最大化。冲突是客观存在的，旧的冲突解决，新的冲突产生，系统协调原则将一直起到作用。

（四）以人为本原则

在高校科研管理中坚持以人为本，是现代社会管理的必然要求。科研人员是高校科研活动的核心，对人的管理是高校科研管理的重点。如何提高科研效率、怎样调动科研人员的积极性，是管理的中心问题。科研管理的对象包括科研人员、科研经费、科研设备、资料、仪器等，也就是人、财、物等几个方面。人在科研活动中处于主导地位，包括从事高校科研活动的教师、学生、实验室人员、后勤人员，也包括高校科研管理人员。进行科学研究，离不开经济活动，研究规模越大，从事科研活动的人员越多，经济活动也就越复杂。进行科学研究，离不开科研的必备条件，尤其是自然科学，要有实验室、仪器、设备、药品，并且其中有些仪器特别贵重。即便是社会科学的基础研究，也必须拥有图书、资料、信息、计算机等。

确立以人为本的管理原则，就是要考虑"人"的需要。要贯彻这一原则，就要想方设法调动科研人员的积极性，实施激励措施，运用经济奖励杠杆，解决科研人员最基本、最起码的生存需要。当前高校设立特聘教授岗位，加大科研奖励力度，都是以人为本管理原则的具体实践。这一管理原则为高校科学研究注入了很大活力，为其带来了很大生机。

当然，贯彻这一原则绝不是不要进行职业道德建设和精神文明建设，也不是不要艰苦奋斗作风。在充分重视科研人员"人"的需要的同时，在政治上关心他们、信任他们，使他们具有良好的科研道德品质和科学精神，也是贯彻这一管理原则不可缺少的内涵。

最后需要指出的是，高校科研管理还要遵循其他原则，如：科学性原则，要求所有管理措施、方法、实践、政策都符合科学的要求；坚持党的领导原则；坚持社会主义方向原则；民主集中制原则；制度化、规范化原则。

三、高校科研管理的价值导向

美国心理学家库尔特·勒温（Kurt Lewin）根据人类行为的反应法则认为不论是人的行为还是社会组织行为，都会受到外部环境的影响。导向的实质是一种来源于社会的刺激和影响，因此对导向的管理也就是对个人及组织行为与资源流向进行的指引、诱导和规范。价值导向则是社会对个人价值和集体价值取向的路线、方针、法规及舆论等方面的制约、引导。价值导向强调社会整体的利益和需求，重视一定程度的约束与调控。它以理性约束感性，以规范制约失范，以有序替代无序，从而使社会生活更加稳定。因此，价值导向具有社会化、整体化、理性化及规范化的特点。其中，社会化和整体化是价值导向的目标指向，理性化是价值导向的选择方式，规范化是价值导向的实现手段。

根据行为导向范式，不论是导向者，还是被导向者，都会重视导向效果的信息反馈，依据信息反馈来调整或改变自己的导向行为或反应行为。高校科研管理是一种组织行为，在促进人才培养、提高科研能力、扩大学校影响、直接为社会经济和科技发展服务等方面，起着举足轻重的作用。高校科研管理行为也必然会受到外部环境特别是社会环境的影响，高校科研工作的顺利开展及其功能的发挥，在较大程度上取决于科研管理的价值导向成效。

鉴于高校科研管理目标导向的差异，可将其价值导向概括为以下四种形式：

（一）市场需求的价值导向

在市场经济条件下，需求的多样化和时效性对高校科研管理的导向作用大大增强，高校科研技术开发与创新的节奏大大加快。市场需求对高校科研管理的价值导向是间接的。市场需求价值导向作用的发挥，可使那些具有市场发展潜力的科研活动随着市场经济的发展逐步转化成为现实需求。高校科研应根据市场需求，选择市场竞争中所需要解决的关键技术问题，提炼出解决技术难题所需要的新科学知识，开展相关技术导向性的基础研究。

（二）方针政策的价值导向

进入 21 世纪，世界新科技革命发展的势头更加迅猛，正孕育着新的重大突破。信息科技逐步成为推动经济增长和知识传播应用进程的重要引擎，生命科学和生物技术将进一步对提高人类生活质量发挥关键作用，能源科技为化解世界性能源和环境问题开辟途径，航天科技将促进人类对太空资源的开发和利用，基础研究的重大突破也将促使人们进一步认识客观规律，推动技术和经济发展。国家的宏观科技发展战略、经济政策和诸多社会发展方针政策都会对高校科研管理产生不同程度的价值导向影响。各项具体的科技、产业、产品、环保等政策及经济发展战略不仅为高校科研项目明确了发展方向，还利用一些人才、资金、区域发展导向等相关的政策优惠，鼓励高校科研为国家和地方经济发展服务。

（三）社会舆论的价值导向

经济、科技与社会的快速发展，一方面带来了经济繁荣与科技进步，另一方面也带来了对社会和经济资源的过度消耗和生态环境的恶化。科研学术导向体现了科技进步和创新的要求，也要求高校科研管理的价值导向与时俱进。当人们越来越关注社会发展中生态平衡的科技需求时，节约资源、保护生态环境和提高医疗卫生公共事业水平的社会舆论导向，特别是针对农业发展新技术、黄土高原生态治理、危害人类健康与生存重大疾病的防治、大气污染、水资源污染、地质灾害等开展的研究，成为目前高校科研项目的行为导向之一。

（四）核心业务的价值导向

任何技术都有其发展的局限性，因而高校科研管理的价值导向应逐步围绕科研技术创新中的核心业务进行，开发新的独有技术。这一行为导向选择不仅与科技核心业务有关，而且是科学前沿领域进行开拓性探索研究的要求。

四、高校科研管理的主要职能

为了在一个新体系内真正实现学术繁荣和科研创新能力的提高，高校科研管理应当完成从日常行政管理角色向规范、服务与支持角色的转变。具体来说，高校科研管理职能应当从如下几个方面进行改进：

（1）建立符合学术自身规律的学术规范，形成科学的评价体系，营造自由宽松健康的学术氛围。第一，在写作、署名、引注、发表、宣传、评奖等环节，对学术腐败、学术不端以及学术不道德行为进行分类化解，依据不同责任人（例如教师或学生、校内或校外）、不同情形（例如行贿与剽窃、虚假引用与更改）给予通报批评、撤销学术职务或取消访学、休假、申报项目资格等处分。第二，制定具有可操作性的民主、保密、高效的责任追究机制和处理程序。为此，有必要充实学术规范与学风建设委员会（或类似组织）的组成，以增强机构的代表性，科学设置事件调查的人员与权限，完善争议处理中的回避、听证、会议召集、表决、执行、公开与保密等制度。第三，鼓励学术批评，通过政策支持一批学者创办网站、主办刊物和以学术批评与学术争鸣为主题的学术会议，让规范学术、创新学术成为学界的共识与习惯。第四，加大对学术腐败与学术失范行为的防控与惩处力度。围绕科研项目的申报、中检、结项，科研成果认定、考核、评价与奖励等环节，实行合同管理，强化责任约束。对于争议问题，依照规章，遵循程序，做到调查公开、评议公开与处理公开。

（2）完善科研管理人员的梯队建设，提高科研管理人员的业务素质，实现科室管理的职业化与文明化。除在校级管理队伍中不断吸收硕士生与博士生充实科研管理队伍外，还应实行校院两级管理体制，承担科研任务的各院、部、所、中心均应当配备专职的科研秘书进行日常管理工作。根据年度科研管理工作的任务与计划进行日常工作与临时事项的细化分解，在指标量化后，根据事项完成情况进行半年或年终考评。科研量表上的事项应当作为科研秘书年终个人人事考核的一项重要内容。围绕项目申报、中检、结项以及成果评审，邀请校内外社科管理专家进行专题讲座；建立校际日常管理经验学习沟通渠道。在科室管理中实行开放式办公，办公区公开科室职责、岗位要求与人员岗位资料，管理人员持证或佩戴胸卡上班，自觉接受所有办事人员的监督；在处室职能中增加督办督查一项，及时进行相关投诉处理与回馈相关建议。

（3）强化服务意识，增加服务内容。无论是校级科研管理员还是院部级科研秘书，都应在业务内形成"管理就是服务"的理念，在服务中进行职能定位，参与学术创新，实现自我价值。第一，完善档案信息管理，依托校院两级管理体制建立两级档案库，根据机构、项目、成果、会议、专家、文件规章、刊物等类别，分级、分层、分事项建立文档库（在校科研处与院部科研办公室建立主档案库，与校图书馆合作建立成果档案库，与人事处合作建立专家档案库等）。所有档案库资料均对管理对象开放，在履行相关手续后可以查询复印。第二，建立校级科研管理局域网，加大投入，进行科研管理网络升级改造；跟踪熟悉专业应用软件，聘请专业人才进行网络路演讲解；配备专人进行网站维护管理，负责网页内容日常更新（重要信息的发布、科研会议讲座内容的上传与网上 BBS 的秩序维护）。第三，建立信息报送与交流机制。通过科研信息网络平台，经常性地进行校院两级信息报送反馈与校内外、国内外科研信息的共享，包括科研管理规章制度及相关文件的即时上网、学术会议讲座的事前通知与事后材料汇总、管理先进经验与典型案例的筛选、优秀的管理文章的交流研读等。通过与上级管理单位加强联系，利用网络、报刊等平台，即时公布相关成果与成果转化的信息；同时也积极利用校外广泛的科研资源对校内科研团队与人员进行信息快递，加快以项目为纽带而进行的国内外学术资源整合。第四，在涉及成果认定、科研评价以及争议处理的事项上，应当增加民主听证程序、公开办事流程与操作细则，赋予相关人员更多的程序性申辩权利等。

（4）实现科研管理从过程管理向目标管理的跨越。在学校由单科性大学向多科性研究型大学转变的过程中，科研管理的事项与内容也越来越多。应当改变机构管理中重成立轻审查、项目管理中重申报轻中检结项、经费管理中重总数额控制轻类别事项把关的局面，将粗放式的事后被动管理转变为可操作的事先目标化管理，在机构、项目、经费、成果等方面先进行处室内部分解，然后在各个教学科研二级单位实现具体量化分解，按照机构的申请成立、年度检查、举办学术会议的备案登记，项目的申报、中检、结项、成果转化，经费的拨付、报销的数额控制与事项审查，以及非经常性任务或临时安排等指标设计年度科研工作指导量化分解表，根据每年的实际工作安排与要求分类科学设置数值，再按照具体情况打分核定。以此作为督导检查与最终评定的基本依据，彻底打破科研管理中可能出现的一推一动、不推不动的状态，实现动态性的终极效果管理。

（5）支持探索"产学研"一条龙的科研运作模式。科研管理的目的是为国家社会的发展提供思想武器和智力资源，应凭借学校的科研政策支持，渐渐走出一条"产（成果转化与应用，可以表现为市场化的效益）—学（教学与人才培养，现有知识的传播，现有技术的推广）—研（通过科研得到知识系统内的升华与深化）"相结合的道路。此外，通过建立实验基地，开展多种形式的实证研究，举办高级研修班等方式密切与实践部门的联系，加速理论研究成果向实务部门与社会生活的转化。在新的科研体制内，管理部门应当创造更多的机会让科研机构都能够走出去、打得响。为此，应当加大机构举办国际国内大型学术会议的奖励力度，注重公众媒体的宣传推介以及扩大与行业实务部门、社会机构的接触联络，创造机会扩大彼此的合作范围，孕育符合专业要求与课题特征的成果孵化形式；在人才培育、课题选择与研究、成果转化与推介上给予更多的政策扶持，这样的话，必然会在校内各级科研机构内建立起能够不断循环再生的科研运行模式。

目前，学校的科研体制改革正在更广、更深的程度上进行，科研管理职能的转变势在必行。科研管理的终极意义就在于能够创造健康宽松的学术氛围，维护良性的科研运作秩序，并以信息集散、政策扶持的最大化拓展服务渠道与功能。

第三节　高校科研管理体制

在社会主义市场经济体制下，我国高等教育的发展有了很大的变化，同样，高校的科研环境也发生了很大的改变，科研环境的变化对高校科研管理提出了新的要求。各高校、各科研机构对高端科研项目的竞争日益激烈。科研经费来源渠道增加，国家、各部委、各企事业单位在全国招标的科研项目和科研经费日益增多。

要想在激烈的竞争环境中取胜，高效地组建团队、管理科研项目和科研经费，通过有限的资源组合获得更大的效益和更高的效率，就需要高校科研管理部门创新管理方式。创新高校科研管理方式，不妨尝试在高校的科研管理中运用企业中高效率的战略，以增强高校科研的综合竞争力，提高科研管理效率和效益。

一、基于课题制的高校科研管理体制

根据 2002 年 1 月国务院办公厅转发的《关于国家科研计划实施课题制管理的规定》的相关定义，课题制是指按照公平竞争、择优支持的原则，确立科学研究课题，并以课题（或项目）为中心、以课题组为基本活动单位进行课题组织、管理和研究活动的一种科研管理制度。课题制适用于以国家财政拨款资助为主的各类科研计划的课题以及相关的管理活动。

（一）基于课题制的高校科研管理体制的实施背景

我国的科研活动组织形式一直在探索中不断进行着改革，科学基金制、合同制和公开招标等措施，正在或已经发挥了良好的作用。但从总体上看，这些措施还不完善、不配套，一些深层次的问题尚未得到根本解决，还没有形成一个稳定的制度体系。2002 年 1 月，国务院办公厅转发了科技部等部门制定的《关于国家科研计划实施课题制管理的规定》，随后又发布了配套文件——《国家科研计划课题招标投标管理暂行办法》和《国家科研计划课题评估评审暂行办法》，明确了此后国家科研计划实施课题制管理。课题制是国际上普遍采用的一种有效的研究与开发活动组织形式。有别于传统的以单位为中心的计划任务管理模式，课题制更适合科学技术发展规律和市场经济的要求，可以提高资源配置的效率，充分发挥科研人员的创新潜能。

早在 1998 年，科技部、财政部联合颁布的《国家重点基础研究专项经费财务管理办法》就提出：专项经费实行课题制管理。经过几年的酝酿，管理部门为实现科研管理模式的转变，进行了卓有成效的尝试，在国家"863"计划、"973"计划和国家攻关计划项目管理中，我国采取了计划管理和经费管理分开、课题的公开招标和全额预算等措施，逐步向课题制模式过渡，取得了很好的效果。但是新旧体制变革需要一个过程，由于种种原因，课题制实施的条件还有待完善。

（二）科研课题项目立项存在的问题

《关于国家科研计划实施课题制管理的规定》的发布，标志着我国科技体制改革迈出了重要一步。一方面，《关于国家科研计划实施课题制管理的规定》对高校作为项目依托单位来争取国家计划立项所应具备的条件提出了更加规范、明确的要求；另一方面，课题制以课题为中心，突破了单位、行业的制约，并把过去的只见项目不见人变成了现在的以人为本，人才已成为科研活动中最主要的要素。在这种课题管理模式下，课题责任人可以选择依托单位，可以跨单位、跨部门甚至跨国界择优聘用课题组成员。在国家有关计划允许事业单位作为依托单位申请和主持课题时，项目的竞争从一定意义上说是人才的竞争（作为课题责任人的优秀人才）、组织管理的竞争（研究梯队构成、科研资源整合）和政策制度的竞争（调动科研人员积极性、主动性的合理政策制度）。

2018年7月17日，国务院下发了《关于优化科研管理提升科研绩效若干措施的通知》（以下简称《通知》），对我国科技体制改革再一次进行了完善。一方面，《通知》优化了科研项目和经费管理，提出了简化科研项目申报和过程管理、合并财务验收和技术验收、推行"材料一次报送"制度、赋予科研人员更大技术路线决策权、赋予科研单位科研项目经费管理使用自主权、避免重复多头检查；另一方面，《通知》完善了有利于创新的评价激励制度，提出要切实精简人才"帽子"、开展"唯论文、唯职称、唯学历"问题集中清理、加大对承担国家关键领域核心技术攻关任务科研人员的薪酬激励力度。同时，《通知》还强化了科研项目绩效评价和分级责任担当的机制。

但是即便出台了一系列文件，科研课题项目立项中的问题还是存在的，主要表现在以下几个方面：

1.科研课题项目立项管理机制仍需完善

同行专家评议程序和管理部门决策过程，还没有接受社会的监督。项目申报单位之间的信息不对称现象仍然存在。同时，在公示制度完全建立起来之前，项目审批过程中的暗箱操作是难以避免的。另外，各类科技计划之间缺乏有效的信息共享，多头申报导致项目重复立项，经费投入效益低。

2.公平、公正的原则还没有建立起来

有些国家专项课题允许教育部所属院校单独直接申报，而要求地方院校必须与教育部所属院校共同申报，而且部属院校为经费下达单位，这样明显违背了课题制公平、公正的原则。一些地方院校为了有资格申报项目，可能会找一个部属院校"借壳"上报，这种强制建立起来的合作关系是存在问题的，在项目申请下来后，项目的经费下拨、检查、财务决算以及项目完成后成果的归属等方面都有可能产生不必要的纠纷。

3.依法管理的效果不尽如人意

在课题批准后，下达单位和依托单位要签订课题合同，课题组要填写计划任务书，这些文本对各方责权利都作了约定，但与技术合同相比，它们对各行为主体的约束力明显要小，政府部门和课题组均不具有独立承担法律责任的能力，再加上监督力度不够，有些课题申请下来后就泥牛入海再无消息，有些则草草结题，这造成了社会资源的浪费。

4.项目评价手段不科学

以创新性为例，应用性课题通常以科技查新来判定项目的新颖性，但对查新的级别一般没有统一要求。为了减轻经济负担，部分查新者会选择缩小检索的范围，而一些查新单位受利益驱使，加之工作人员的水平不高，或在查新策略选择上不科学，使得科技查新成为一种形式。

（三）基于课题制的高校科研管理体制组织、管理的问题

1.科研项目导向的业绩评价制度有待改变

对于高校教师来说，项目、经费和论文是提职的重要条件，没有项目就都无从谈起，于是部分教师就托关系、找门路，想尽各种办法争项目。他们在拿到项目后，发表论文，应付检查；在结题后，又去争取新的项目。有些人由科研人员变成了"社会活动家"和"课题老板"。这样不仅会导致科研成果产出率低，社会资源投入成本增加，而且会造成很大的负面影响，败坏学术风气。

2.开放式的合作研究机制还没有建立起来

现行的人事分配制度还不能满足课题制的要求。高校的科研课题小而散的状况没有得到根本改变。课题任务和经费决定着科研人员的工作量，决定着学校的科研实力甚至排名，高校之间缺乏合作研究的积极性和主动性，"肥水不流外人田"、只注重经费和利益的分配导致了各自为战现象的出现。许多高校只有在自身实力不济时才考虑合作，跨地区、跨单位的合作更加难以实现。

3.经费管理不规范

（1）科研项目预算内容不完整、不详细。部分课题申请者对经费预算没有给予充分的重视，预算过于随意、笼统，各种支出项没有经过认真的考虑和估算，预算内容没有反映课题的实际需求。

（2）预算和支出不对应，不合理支出普遍存在。本来用来购买专业设备的费用，往往用来购买通用设备或家用电器，如笔记本电脑、空调，虽然这些设备也报固定资产，但大多归个人使用。再有，各类项目申报或多或少都有设备费列支，但项目批准后，很少有教师按立项合同购买设备，宁愿精打细算。

（3）项目来源预算不真实。有的项目在申报时要求依托单位或地方政府经费配套，实际上这些配套经费大多是空头承诺，项目批下来后很少有真正到位的。科技投入本身就严重不足的地方将高校项目经费视为一笔不小的负担。另外，对从其他科技计划或其他渠道已获得的经费，申请者经常不填或少填，认为会影响项目的评审，这也与项目实行全额预算管理的规定不符。

4.科研管理体制和运行机制不够完善

目前，高校科研管理趋向制度化、规范化、科学化发展，强化服务和协调功能，物资资源强调开放和共享。但制度不完善、管理不规范、效率不高、服务保障体系不能满足科学研究需要的状况依然存在。首先，科研政策和规章制度不完善。有些需要规范和统一要求的东西没能以制度的方式实现，问题的解决更多地体现了管理人员的经验和人事技能。这种行政主导的工作方式不规范、不合法，而且效率不高。其次，部分规章制度跟不上新形势的变化，由于与新的国家政策和法律不符，执行起来比较困难。管理重心过高，服务意识不强，监督力度不够。部分科研管理部门包揽一切，这样带来的问题是科研管理人员被事务性工作缠身，常年大负荷运转，根本没有时间研究和思考，难以提高管理水平，工作效率低。而一些二级单位只是被动地接受领导，缺乏积极性和主动性，对科研人员的情况不闻不问，任其自行发展。例如：课题负责人经常为协调基础条件、实验场地与管理部门打交道；有些学校科研处甚至没有一个规范的网站主页，科研人员为查找一些课题的资料和数据要花费大量时间。因此，提供一个宽松、开放、高效的工作环境，是实行课题制管理的前提条件。

（四）完善基于课题制的高校科研管理体制的建议

1.建立课题库和科研人员个人的信用机制

课题库的建立体现了项目管理以人为本的一面，使各类科研计划信息得以共享。同时，在客观反映每个科研人员从事研究活动情况的基础上，建立个人信用机制，使其从事研究工作的效率和成果成为获得经费资助的重要条件。这样既可以避免各类计划重复立项，提高科研投入的效益，又与公示制度相衔接，直接接受社会的监督。

2.建立合理有效的科研评价体系

科学研究的评价方法对研究活动具有很强的导向作用，科学研究有其自身的发展规律，不能急于求成，拔苗助长，一切急功近利的行为都是违反科学规律的。在完成科研项目的过程中，不仅能够形成知识和能力的积累，还能锻炼队伍，形成良好的氛围。片面地追求数量指标，只会导致研究的短期行为。因此，只有逐渐改变以传统的课题数、课题级别和经费数等为指标进行科研活动的评价方法，改用以知识生产率、知识创新程度和知识存量等为指标，定性与定量相结合的方法，才能使评价更好地体现知识创造的规律。

3.完善课题制实施的配套制度和条件

科学研究不仅要依靠科研人员的创造性劳动，而且需要尖端的科研设备、良好的氛围、快速获取信息的能力以及与之相适应的配套政策和管理机制。应加大对课题制的宣传力度，使课题组和所在单位明确各自的责权利，规范各自的行为。逐渐放开户籍、人事、分配等制度，使合作研究的系统成本降低。高校作为课题依托单位，要制定与课题制相适应的相关制度和办法。

设立科研财务，可以使科研项目管理与财务管理紧密衔接。设专人对项目进行财务监督和管理，将过去财务事后管理改为事前、事中、事后全过程管理，财务人员直接参与项目的申报、过程管理、验收，使财务监督机制真正建立起来。

学校要协调资产、财务、后勤等部门，为课题组建立高效的服务支持体系和宽松的研究环境，避免过多干预。高校数字图书馆和高效网络建设，使科研人员可以通过网络迅捷地获取知识，进行科研设备采购。课题组人员通过网络进行交流和工作汇报，使跨地区、跨学校的合作研究成为可能，大大节省了时间和资金成本。学校要建立科技网络管理系统，对项目采取实时的动态管理，使科研管理部门、二级单位、课题组各司其职，提高管理效率。

二、基于 SCI 的高校科研管理体制

作为科研管理和评价的工具，科学引文索引（Science Citation Index, SCI）日益显示出其强大的作用力，越来越受到人们的重视并得到广泛应用。但是 SCI 也有一定的局限性，科研管理部门应根据自己的实际情况，慎重使用 SCI。

（一）SCI 的科研管理应用背景分析

SCI 的创始人是尤金·加菲尔德（Eugene Garfield）。SCI 编制的理论基础是引文索引法。引文索引法是加菲尔德经过长期的经验积累、调查和试验后发明的一种检索文献的方法（其后来的意义远大于此）。SCI 是 ISI（目前隶属于被列入世界 50 强的汤姆逊集团）开发研制的，比我们平常理解的 SCI 要广泛得多。SCI 数据库早已为我国科教界和管理学界所熟知，一直以来对用 SCI 收录论文及引用状况来评价高校、科研机构及人员的科研能力，人们都存在着激烈的争论，持有肯定与否定两种对立的观点。两种对立观点的共同点是 SCI 的功能就是科研评价。然而，无论是 SCI 创建者加菲尔德的初衷，还是国际科学计量学界应用 SCI 的实践，都表明科研评价只是 SCI 的初步功能，

实际上 SCI 具有广泛的科研管理功能，可以成为管理者和科学家的一个重要工具。

（二）SCI 的科研管理功能分析

SCI 的科研管理功能主要表现在评价、预测、决策、创新等方面。

1.科研评价

SCI 数据库在科研管理上的应用始于最简单的测度：被引频次。对研究者个人、论文、期刊、科研项目、地区和国家等所做贡献进行某些客观测度，构成被引频次应用的基础。任何评价都离不开定性和定量。在科学共同体中，科学成果获得承认早期主要是靠同行评议，然而同行评议不能避免一些主观的因素。这时，被引频次就可以提供一些必要的补充。被引频次反映了有关科研工作的被认可程度，在同行意见的形成过程中扮演重要角色。大量的研究显示，被引频次与同行评议之间存在着强烈的正相关关系。但是仅仅用被引频次作为科学质量的测量尺度，存在许多理论上的异议，因此在被引频次基础上，SCI 又发展出一些测度的指标，如影响因子、即年指标等。

SCI 提供的引文数据及其他数据，可以用于评价国家和地区及科研机构的科研能力、学术活动，科研人员，期刊，以及科学学科本身和其他学科。

（1）评价国家和地区及科研机构的科研能力、学术活动。有学者根据 SCI 统计数据对全世界 96 个国家的 114 种主要学科专业的水平以及其在世界上的相应地位进行了综合评价，利用科学计量学指标体系，反映了 1981—1985 年，世界各国及地区科研活动的水平和文献交流的状况。国际上的科学计量机构及国际组织（如联合国教科文组织及世界银行等），在对国家或科研机构的科研能力及绩效评估中，常用 SCI 数据库作为统计源，比较不同国家的科研能力及全面评价某个国家的科研状况。通过对中国科研人员在国际合著论文的合作国家或地区、合作学科的文献数量进行分析，可以探讨中国当前开展国际合作的重要领域、不同学科的国际竞争力，分析合作密切的国家或地区、合作质量较好的学科或专业，以及具有发展前景的合作领域，便于制定我国开展国际科技合作的战略与方针。中国科研人员也利用 SCI 数据库评价了本单位的科研实力。也有学者提出利用 SCI 数据库来构建省区影响因子，从而对中国各省区发展趋势进行评价。

（2）评价科研人员。在科学研究和交流活动中，科学文献与科学家之间存在着必然的内在联系，这使得我们有可能通过科学文献这样一种有形的媒介，利用文献计量学的方法去评价人才、选拔人才。一项研究表明，诺贝尔奖获得者的著作被引频次，为他们所在领域平均被引频次的 30 倍。同时，被引频次高的科学家也都获得了相应的荣誉，几乎都得到了科学共同体的某种形式的承认。不过，如前所述，由于科学引证行为复杂，且存在理论上的异议，如果只是根据被引频次这一个指标就下断言是不谨慎的。另外，由于引文统计是一个微妙的东西，用引文分析测度科研人员一直以来就有很大的争议，谁要借助它来进行分析谁就必须了解引文统计的微妙性和局限性。

（3）评价期刊。SCI 数据库提供的信息，不仅可以用来评价著者和论文，也可以用来评价期刊。这种信息以"期刊引证报告"（Journal Citation Reports，JCR）为名，作为 SCI 的一部分予以出版。JCR 提供下列数据：每种期刊如何经常地被引用；发表了多少篇论文；每篇论文平均被引频次，即影响因子；每篇论文在它发表当年的被引频次，称为即年指标，即当年引用指数；与每种期刊的参考文献相应的来源期刊，每种期刊所得的参考文献数量，以及它们按照被引期刊的出版年的分布情况；每种已出版期刊的参考文献的数量，参考文献引用的期刊，以及参考文献按照被引期刊的出版年分布的情况。SCI 的统计分析表明，不同学科期刊的影响因子和总共被引频次差别很大，与不同学科的引证行为（如论文中参考文献数目、论文被引半衰期等）有关，也与不同领域研究群体和相关期刊数目的大小密切相关。通过期刊的各项引证指标及期刊的自引、他引情况，期刊的编辑和编委可分析特定期刊的学术地位、读者群的学科分布及与其他同类期刊间的关系等。研究人员也可以根据自己领域的期刊的影响因子的排序，很快确定本领域的核心期刊。但是利用

JCR 的数据必须应用于适当的场合，并且必须在所要做出决策或待论证假设的框架中进行解释。SCI 在确定期刊与期刊之间、期刊和研究领域之间的关系上，也有很重要的作用。

（4）评价科学学科本身和其他学科。正如默顿（Robert King Merton）所言，加菲尔德一开始就认为，他发明的 SCI 将发展成科学史研究和科学、社会学研究强有力的工具。SCI 在科学学、科学计量学、网络计量学、文献计量学研究方面成效卓著，同时也推动了其他学科的发展。

科学学研究就是对科学和科学学本身进行研究和评价，得出科学发展的规律。对于把科学作为一个系统来研究的人员来说，科学结构是一个有吸引力的研究课题。利用 SCI 和引文分析法，可以研究科学结构，研究科学的静态结构、动态结构和超结构。如普赖斯（Derek John de Solla Price）探索了物理学和它的一个分支领域的结构；纳林（Narin）在更广泛的层次上，采用期刊之间的引文模型定义和描述了科学的学科结构；斯莫尔（Small）和格里菲思（Griffith）以图形的方式显示了自然科学所有高度活跃的专业领域；斯莫尔利用同引簇分析法还分别绘制了社会科学的结构图和反映生物医学专业胶原研究在 5 年期间进展的结构图；侯海燕运用科学知识图谱展示了当代科学学的前沿；陈悦揭示了国际管理科学的演化机制；尹丽春则研究了科学学的知识流动，展示了科学学的引文网络。

其他学科的科研人员也可以利用 SCI 进行本学科的评价，跟踪国际学术前沿、认定进展突然加速的研究领域，以及确定导致重大科学进步的进展次序。利用 SCI 提供的分析工具，归纳总结出相关研究领域在不同年份的发展趋势、某个特定的课题都分布在哪些不同的学科中；同时这些分析结果能以可视化的图形表现出来，并且会标注出相对应的分析数字、百分数。通过对这些基本面的分析，可以对学科的发展趋势有一个宏观的把握。利用 SCI 进行科研评价的方法也在不断地发展，如最近出现利用 h 指数、g 指数及引文网络中的中心性指数来评价各种成果。

2.科研预测

如果科学文献反映了科学活动，科学文献的被引频次就能够为观察这些活动提供一个有趣的窗口，通过该窗口能够向社会提供有关重要的、新的交叉学科关系的早期预警。特定学科领域的单篇论文或数组论文的被引频次，也被用来鉴别脱颖而出的研究领域。

普赖斯利用 SCI 的数据绘制了一条平均被引频次曲线，该曲线可以用于发现被引频次较高，而且增长迅速或持续增长的数组论文的基线。一项有关脉冲星文献的研究表明，这些特点预示着一个新的研究领域即将出现。通过被引频次还可以预测未来的诺贝尔奖获得者，以及诺贝尔奖最可能出现在哪个研究领域。对科学结构的研究，能够揭示重要科学发现的内部联系，描绘出科学发展过程的多方面情况，预测科学技术的发展方向。

3.科研决策

被引频次提供了一种客观有用的测量科研质量的工具，具有某种深刻的含义。政府机构试图利用 SCI 增强它们的能力，借以确定科学发展的现状，从而制定出正确的科学方针政策，从整体上合理配置科研资源。ISI 为美国国家科学基金会做的一项对被频繁引用的化学论文的特点的研究，充分纠正了对化学暗箱操作式的偏爱，同时扩大了基金会的研究范围，把工程科学也包括进来。意大利国家研究委员会利用 SCI 收集了与各种科学方针决策有关的生命科学的情报。在对工程前沿的研究上，刘则渊利用 SCI 得出的工程前沿领域和国家中长期科技规划所列出的重点领域也十分相近，这意味着在今后的科学研究中，SCI 可以作为科学计划和决策的参考依据。SCI 的检索、统计、分析、对比功能为科研管理与决策部门进行学科规划、人才引进、科研工作总结提供了有效的素材。

4.科研创新

有效的科研管理关键在于建立和健全管理创新体系。SCI 的编制本身就是一个创造性的发明。实际上引文索引本身就为发明和发现的过程提供了一次案例研究。因为索引编制的复杂性质和复杂程度依索引的范围不同会有所变化，引文和引文关系处理得最好的是 SCI，它的范围比任何科技文献索引的范围都要广泛得多，所以它提供了一种不受学科界限制约、全面观察科技文献的能力。同时，由于 SCI 的范围大、内容广，很少见到其他的科学文献引文索引出版。

由于 SCI 内在的逻辑体系和逻辑关系具有创意的检索思维模式，许多索引都是在 SCI 数据库基础上编制而成的。正如 SCI 得到了《谢泼德引文》模式的启示一样，《谢泼德法律评论引文》也得到了 SCI 模式的启示。SCI 数据库为科学计量学领域的科研人员提供了广阔的研究平台，他们可以从中发现许多新的研究领域和富有价值的研究课题。

（三）运用 SCI 进行科研管理的局限性与对策分析

1.运用 SCI 进行科研管理的局限性

（1）引文分析本身的局限性。尽管 SCI 提供的引文分析数据作为评价学术成果的依据具有较大的可信性和科学性，但也存在着基本假设不够严密的不足。引文概念是建立在这样一个基本假设之上的，即论文作者吸收利用了参考文献（被引用文献）。但由于引用文献动机的复杂性和多样性（如假引、转引、反引、虚引等），这一基本假设不够严密，所以完全建立在引文分析基础上的 SCI 的评价体系存在一定的不确定性。正如加菲尔德所说："任何把引文分析作为评价科学家工具的公正评价都必须承认，我们对被引频次的含义尚有很多地方未弄清楚。我们仍然不能精确地知道它们评价的科研绩效的质量。我们对影响被引频次的社会学因素知之甚少，有关低被引频次的原因，亦知之甚少。对于不同领域的引文模式的变化，仍有很多东西值得学习。"引用行为动机的复杂性、漏引现象的存在、引用率在不同学科之间的不可比性、某些论文获得较高引用率在时间上的特殊性、同一学科的多个子学科在引用情况上可能具有较大的差异性等，使得 SCI 的统计数据并不十分令人信服，其评价结果并不是绝对准确和公平。

（2）数据的局限性。SCI 收录的来源期刊在学科、地域、语言上具有不平衡性。SCI 多注重收录基础研究的成果，而对应用技术类研究成果收录相对较少，造成了收录学科的不均衡。SCI 是由美国科学信息研究所主办的，在它所收录的科技期刊中，美国的期刊几乎占了一半，而发展中国家和地区的期刊很少；大多数期刊都是英语期刊，其他语种的期刊收录很少，这对非英语国家的科学交流有一定的影响。SCI 的编排和处理规则不一致，有些单位互相归错，有些单位用不同的名称或同时用简称和全称，期刊排印错误、信息传输过程和录入时出错等问题经常出现。这些都可能影响检索数据的准确性，使 SCI 在进行科学评价时具有一定的局限性。

2.运用 SCI 进行科研管理的对策

（1）大力宣传 SCI 的科研管理功能和原理，拓宽使用者和科研管理者的视野。一种好的工具要想发挥作用，必须有好的使用者。要使科研管理者明白 SCI 的功能，合理利用科学引文索引在科研评价方面的作用，提高科研活动的效率。提高认识是利用好 SCI 的重要前提，各高等院校和研究机构的科研管理部门和信息服务部门应广泛收集 SCI 有关资料和信息，如 SCI 收录的期刊目录、SCI 期刊的影响因子等，让科研人员及时了解，还应定期举办引文索引和文献检索等方面的专题讲座，以普遍提高科研人员引文知识水平。不能滥用 SCI，而应辩证看待 SCI 的作用，慎用激励政策。

（2）SCI 作为科研评价的一种工具，较适用于宏观和中观层次。SCI 用于对国家、地区、研究型（综合性）大学之间科研实力的比较评价是合适的。但在较低层次，如把不同学科以及不同学科的科研工作者放在一起，用同一个标准去评价是不合适的。所以在使用 SCI 做评价时一定要坚持同类相比的原则，否则将会有损于那些期刊数较少、被引频次总体水平较低及一些重要的冷门学科的正常发展。特别是用 SCI 对科研工作者个体做评价时更要慎重，不然将会导致人才评价畸形，科研工作偏离正常轨道。单位内部的科研评价，要注重完善综合的评价指标体系。对于科研成果评审，我国最终应该建立起专家评审和科学引文计量相结合的制度，尤其是建立起以同行专家评审为主，以科学引文计量为辅助的制度。

（3）对于期刊评价来说，由于学科特点不同，SCI&JCR 的影响因子分布极不均衡，各学科重要期刊的影响因子差异较大，没有可比性，因此不能将影响因子作为不同学科、边缘学科和多学科期刊之间评价的重要标准。用 SCI&JCR 来评价科技期刊，只适用于某一学科期刊的评价，对于边缘学科和多学科，还要以同行评议为主，并结合国情，对期刊进行动态评价，走"本土化"的期刊评价道路。科技期刊评价体系的本土化是科学技术发展成熟的重要标志。应严格期刊标准，与国际惯例接轨，利用网络、电子出版等现代化手段，促进我国科技期刊的国际交流与传播。

（4）充分理解引文分析方法，合理使用自引指标。就像使用任何其他方法一样，引文分析结果的有效性与运用引文分析的技巧是高度相关的。引文计数的简明性掩蔽了与引文统计相关的不少敏感性问题。忽略这些敏感性问题的肤浅的引文研究，往往会严重误导别人。正确的引文研究要求充分了解进行被引频次比较时的各种错综复杂的情况，在处理那些被引频次不是特别高的情况时，尤其应当如此。对于存在自引的情况，要综合运用文献自引的测度指标，划分合理自引与过度自引，加强学者的科学道德建设。

（5）借鉴 SCI 经验，合理运用我国自己的科学引文索引，对我国各类文献数据库加以重组和完善，使其成为广大科研工作者与管理者的重要工具。

三、基于团队式的高校科研管理体制

高等学校是国家基础研究的主力军、高新技术研发的重要方面军、成果转化与产业化的强大生力军，它不仅有学科优势，更有人才优势，科研团队建设是高校加强学科建设、增强学术实力的根本措施，是促进学科发展的动力，也是促进科学研究、学科建设与人才培养有机统一的有效手段和组织形式。因此，对高校科研管理部门来说，如何进一步加快建设科研团队，加强科研团队管理，提高科研绩效是紧迫而需要深入研究和探讨的重要课题。

（一）高校建设科研团队的重要作用

高校科研工作在我国的科教兴国和建设创新型国家的进程中发挥着不可替代的重要作用，建设科研团队是高校人力资源管理和优化配置的重要内容，是形成优秀人才团队效应和当量效应的重要举措，是人才强国战略的具体实施，是科技创新、知识创新的重要基础，也是国际科技、经济竞争的必然要求。科研团队建设和管理在高校优化学科资源、提高科研绩效、促进高层次人才培养、探索基层科研组织改革等方面具有重要的作用。

1.优化学科资源

高校科研工作存在着规模较小、力量分散、队伍整合比较困难、不易形成合力等问题，而且高校与高校之间、高校院系之间、实验室之间和研究人员之间科研资源相互封锁，开展多学科交叉研究面临多方面的困难。科研团队建设为形成较为齐全的学科体系，为学科交叉、渗透、融合提供了可能。从优化配置相关学科的优质资源角度出发，在学校内部，打破原有的封闭局面和学科界限，有组织、系统地整合现有学科资源，培养和造就高素质科研团队，能够充分发挥群体优势，形成设备和人力资源的有效凝聚，建立全新的合作、运行、共享和交流机制，通过争取和承担重大科研课题，培养团队精神和产生具有显示度的、前瞻性的研究成果，营造良好的科研氛围，提高高校科研水平和能力。

2.提高科研绩效

只要是科研团队，就必须是高绩效的，这是团队的价值所在，低效平庸的学术群体不可能成为真正意义上的科研团队。科研团队由于有合理的组织分工、明确的目标和任务、适度的工作压力，有助于团队成员的相互交流、沟通、学习、合作和工作协调，便于相关学科知识、信息的集中和共享，便于资金、设备、工具和其他条件的合理配置。科研团队在这种精力高度集中、容易受到启发、既有激励又存在一定压力的特殊情境下，最容易产生特别的创新绩效，能够比个体更多、更快地获得信息，能够想到个体所不能想到的问题、做到个体所不能做到的事情、适应个体所难以适应的环境变化、达到个体所不能达到的创新高度，能够产生集聚效应。也就是说，科研团队通过成员的共同努力能够产生积极协同作用，使团队绩效水平远高于个体成员的总和。因此，建设科研团队，有利于团队成员的智力整合、知识共享，提高科研水平，增强科研实力。

3.促进高层次人才培养

科学研究和学科建设要上水平、上台阶，关键是人才。只有抓住人才队伍建设这个根本，才能促进科学研究和学科建设的发展。建设科研团队有利于充分发挥每个人的潜能与价值，产生高水平的成果，建成一支高水平的学科队伍，使高层次人才和其他层次人才相互依存、上下承接，有利于人才大量涌现、健康成长，在高校形成鼓励人干事业、支持人干成事业、帮助人干好事业的良好环境，进一步加大高层次人才培养的力度。

4.探索基层科研组织改革

高校教学、科研的基层组织根据高校职能的拓展而不断发展变化，从教研室到学科部、研究室，随着科学技术的发展，以往单兵作战、分散自发的小型的科研和教学形式都已经不适应现代的发展，只有组成团队，才能真正提高学校持续发展的实力。从组织学的角度看，科研团队是一种多功能型组织，具有研究职能和学习型组织的特点，是一个需要不断学习、不断创新的组织。高校通过建设持续学习型组织——科研团队，在一定程度上能够打破原有组织和学科界限，积极探索跨学科、跨单位合作的科研组织形式，提倡科研组织的多样化，提高科研队伍的科研能力，实现科研人力资源和物力资源及信息资源最为合理和有效的配置，使科研团队能够成为推动学校提高科研竞争力，保持科研工作后劲十足的有效的组织形式。

（二）高校建设科研团队应关注的问题

高校科研团队建设的目的就是针对我国科技、经济和社会发展的需求和国际科技前沿领域，集成和发挥高层次创造性人才群体优势来提出和解决问题，不仅要提高承担重大项目的能力，有更多的原创性科研成果，更要注重学科发展和人才培养，发挥集成优势，提升学科建设水平，支撑学科建设发展。目前，我国许多高校都推出建设科研团队计划，对此有非常高的热情和积极性。高校科研团队的建设是一项复杂的系统工程，在如下六个方面着力才能真正达到预期效果：

1.根据高校情况分类建设，发挥学术和学科优势

高校科研工作从活动类型上来说包括基础研究、应用研究、试验发展、研发成果应用以及科技服务，从所属学科来分包括理、工、农、医、人文社会科学以及管理等，而且服务对象几乎包括所有的国民经济行业，因此在高校中建设科研团队决不能简单化，不能以一个条件和模式来要求和建设。各高校要根据自身的实际情况，在分析本校科研工作中的优势和劣势的基础上，有的放矢地按照不同的建设标准分类建设科研团队，这样才能更广泛地调动科研人员的积极性，从而发掘科研潜力，整合科研资源，达到建设科研团队的目的。根据我国高校的实际情况，团队可以按照科技活动的类型、所属学科、某个具体的科技活动指标和科技服务的对象进行分类，建设的标准也要根据不同的团队类型具体确定。另外，要按照有利于发挥本校学术和学科优势，有利于多学科交叉、队伍整合、横向联合、资源共享的原则，建立跨学科、跨学院的重大重点研究项目的管理机制，鼓励强强联合，形成一批有战斗力的科研团队。

2.以重点学科和科研基地为依托

在高校建设与发展中，重点学科是提升高校地位和确保高校可持续发展的关键。科研基地，如重点实验室、工程技术研究中心等，是从事科学研究的重要平台，是承接和完成科研项目、发展学科、开展高水平科学研

究的依托，在科技工作中发挥着极其重要的作用，有助于锻炼和促进科研团队的成长。

重点学科和科研基地比一般的科研组织具有更多的优势，承担国家和省部级科技项目比较多，研究方向相对集中，国际学术交流广泛，学术氛围浓厚，普遍具有吸引一流人才的条件和环境，为科研团队的形成提供了基本条件。因此，只有依托于重点学科和科研基地建设科研团队，才能真正实现科研资源的凝聚，才能切实有效地开展高水平的科学研究工作，才能使科研团队具有可持续发展的活力和生命力。

3.发挥领军人物的带头作用

科研团队的领军人物，不仅应有深厚的业务基础，学术水平在国内同行中具有一定的优势，对相关科学领域有深入的认识，视野开阔，洞察力强，具有把握学术方向的能力，了解国家发展的需求，有战略眼光，能凝练出重大课题并围绕其开展研究工作，进而取得重大创新科研成果，而且在管理方面要有极强的领导能力、亲和力和组织能力，良好的人际交往能力及沟通能力。在科研团队建设中，领军人物是团队科研活动的领导者和组织者，是科研团队的核心，肩负着科学研究、队伍建设和促进科研工作发展等重要任务。领军人物作为带头人，不仅能带动一个团队的发展，而且对整个学校科研工作的发展也起着至关重要的作用。科研工作能否真正及时、有效地完成，能否产出高水平科研成果，在很大程度上取决于领军人物所具备的素质和能力。高校要想在竞争中占有优势，就必须采取积极措施，构建良好的环境，优先培养出一批领军人物，从而带动团队科研实力的提高。

4.重视团队文化建设，培养团队精神

在科研团队建设中，营造有利于科研团队成长的文化氛围，是科研团队得以生存并取得成功的关键。团队文化是科研团队赖以生存和发展的土壤，只有在一定范围和程度上形成团队文化，科研团队才会有传承、发展的根基。科研团队文化建设就是要树立以人为本的理念，提倡资源共享、公平竞争、开放流动与合作攻关，鼓励和保护先进，崇尚科学的批判精神，使高层次人才不断汇聚，学科交叉渗透不断加剧，标志性、创新性成果不断涌现，科研团队真正成为团队成员充分展示自己学识与才华的创新平台。

团队精神是团队在共同目标的指导下基于其成员的共同利益，通过一系列科学的管理机制和组织文化、价值观的熏陶所形成的一种积极向上、拼搏进取、顾全大局、真诚合作的健康的思想品质。团队精神是研发工作顺利进行的内在动力，是全局意识、合作精神、服务精神、奉献精神的集中体现，在很大程度上决定了团队成员能力的发挥和工作效率的高低。

5.创建学习型组织

从未来发展趋势来看，个人和组织的学习速度和能力已成为可持续竞争优势的源泉。科研团队一旦建立了学习机制、组织内知识共享机制和群体的集体修炼机制，就具有了自觉培养和不断提升核心能力的能力，最终将形成可持续发展的优势和竞争能力。事实上，一些研究实力强、成果多、注重组织文化建设的科研团队都带有学习型组织的特征。科研团队应该成为学习型组织，永不满足于现状，不断汲取人类知识宝库中的精华充实自身，大胆自由探索，在科学研究中不断自我超越和创新，不断创造、吸收、传播和普及新知识、新观念和新方法，并能据此进行应用创新，及时调整行为，按照新的标准要求行事并善于捕捉信息、适应变化，不断培养并形成核心能力，使组织始终保持向上的活力，逐渐形成良好的学习氛围。

6.营造良好的科研环境

宽松环境的创造、特殊政策的支持，是科研团队发展的必要条件。为科研团队创造宽松的科研环境和自由探索的学术空间，可以促使学者自身更快速、健康地成长。科研人员如果不参与团队工作，个人的认识往往具有局限性，在学术探究、追求真理的过程中，也没有机会敞开胸怀，自觉容纳他人的批评，因而容易产生学术上的武断作风和片面性观点。在平等、民主、自由、活跃的学术气氛中，科研团队能够对学术问题进行交流讨论、比较参考、批判创新和融化组合。通过激烈的辩论，依靠紧密的团队协作，科研团队就可以开展创新性研究，获得创新性成果，有力地推动科学研究的发展。

因此，高校要努力改善科研工作者的工作、生活环境，同时要尊重科学家在科学领域的自由研究，尊重个人的特殊禀赋和个性，遵循科学研究的特点与规律，营造不浮躁、不哗众取宠的学术氛围，让科研工作者潜心研究、厚积薄发，尤其要提倡对科学研究的宽容态度，兼容并蓄，以创新精神论英雄，鼓励人才敢为人先，构建适宜科研团队发展的生存空间。

四、基于系统论的高校科研管理体制

在现代社会中，任何活动的成功都离不开有效的管理，良好的管理是迈向成功的关键。要想提升高校整体科研水平，必须推进科研管理体制的创新与改革，向管理要绩效。然而，高校科研管理究竟应怎样创新是一个值得深入探讨的问题。

（一）高校科研系统与管理

1947 年，奥地利人贝塔朗菲（Ludwig Von Bertalanffy）首次提出了一般系统论的观点。在他看来，所谓系统是指各要素经交互影响、长程相关、反馈调节等活动而构成的具有特定功能的整体。这里，要素、结构、功能、环境是理解系统的四个方面。

在这种系统思维的视野里，管理并不仅仅是活动过程，更是一个自组织系统。在这个活动系统中，管理者将各种资源有机整合在一起，并考虑到诸如政策、法律、文化等环境因素影响，通过对这个系统的信息等进行传递、交换、反馈、协调与控制而实现管理目标。系统具有层次结构性，即其中包含子系统等。

就科研管理而言，高校科研系统是国家科技系统中的一个子系统，它既具有相对的独立性，又受到高层次系统的环境制约。高校科研系统是指由与科学研究、技术创新、成果转化等相关的人员、资源、机构等组成的网络系统。系统的构成要素包括高校教师和专职科研人员等科研人才群体以及科研资源、科研课题、科研成果、科研管理工作者等，它们都是这个网络系统的网上之结；这些要素通过特定的组织结构实现科技创新、服务经济、发展社会的功能。科研系统的外在环境体现为学校整体的思想政治状况、学术氛围、人事政策以及各种激励和约束机制等。如果人、财、物等科研资源在一个高校科研系统中流转顺畅，则说明这个系统运转平稳，处于协调发展势态中；反之，就是系统失效。它一旦步入良性运行轨道，就会结出丰硕的科研成果。

（二）高校科研管理系统的组织结构

组织结构就是组成系统各要素间关系的总称，即它们之间是采用何种方式进行物质、能量、信息的交换。组织结构的完善程度，在很大程度上决定着系统要素能否协调一致、人财物是否循环顺畅，从而影响着工作绩效的提高、管理目标的实现。

长期以来，我国高校的科研组织结构都是那种自上而下的垂直式结构。在这种管理结构中，校科技处是全校科研管理活动的唯一职能机构。它上受主管科研副校长直接领导，下集科研项目、经费、成果管理于一身，权力相对集中；而作为科研活动承担主体的各个院系则显得能动性不够，只是被动地接受并完成各项科研任务。这种组织方法的优点是简单明了、直接完整，并因以行政手段方式下达命令而有利于实现统一领导；缺点是信息单向流动，上下级之间的反馈交流不够。由于它们之间只存在命令与执行关系，因此并不能充分调动各院系及广大科研人员的工作积极性、主动性和创造性。

不可否认，这种管理体制在高校科研发展的起步阶段发挥过巨大作用，但随着社会主义市场经济体制的确立，其诸多弊病开始显露，抑制了高校科研的发展活力。顺应当前高校内部管理体制改革形势，一些高校开始降低科研管理重心，实行校、院系二级管理体制，它通过将科研管理权力的适当下放来提高科研绩效。

采用分权管理，可以促使各基层院系结合自身条件与实际情况，进行自我激励、自我约束，以充分激发广大科研人员的科研热情，并使其个人潜能得到深度挖掘。但需要注意的是，分权与集权之间存在辩证统一关系，过度的分权与集权都是有害的，必须在它们之间维持某种张力与平衡。

实施校、院系二级科研管理体制的思路是正确的，而新的网络型的组织管理结构取代原有的直线型结构正是这种改革思维的体现。在网络型组织结构中，校科技处处于中心位置，它通过适当地下放科研管理权力至各二级学院来抓大放小，从而实现宏观调控、微观灵活的管理方式。在这种新型组织体制中，校科技处的主要职能是根据国家的宏观政策和经济规划，结合本校的科研现状和实情，制定学校的年度或中长期科技计划，并将计划任务分解而下达至各院系，在计划执行过程中，负责加强各院系、各部门之间的联系、协调与控制工作；同时构建有效的科研评价体系，全面负责各院系的年度科研绩效考核工作。而各二级学院则必须建立激励与约束机制，通过责权利的结合来调动广大教师和专职科研人员的积极性，使他们实现从"要我做科研"到"我要做科研"的转变，以争取多出成果、早出成果。

（三）高校科研系统要素间的协调与配合

科研人才、科研资源、科研课题、科研成果、科研管理工作者等都是高校科研系统的重要组成要素，在它们之间建立起高效、和谐的协调与配合机制，有利于形成一个稳定、健康、持续发展的高校科研系统。

1.公开、公正、公平、合理配置科研资源

高校是国家创新体系的重要组成部分，国家正不断加大对高校科研的投入，但"僧多粥少"的状况使得高校对科研资源的争夺与竞争变得日趋激烈，资源有限性已经成为制约高校科研发展的"瓶颈"。当前，我国大多数科研项目均采取招投标方式进行竞争，这在较大程度上保证了将科研经费提供给最优秀、最有发展潜力的科研人员和团队。可有些高校在校内科研基金的分配上有很多问题，如部分学术权威往往能获得较多资源，使得其他一些具有较强科研能力的青年教师或优秀科研人员得不到有效的经费支持。长此下

去，学校的科研发展将失去集团军优势，到最后显得缺乏持续发展的后劲。因此，如何使有限的科研资源获得优化配置、实现成果最大化是当前亟待解决的问题。

　2.以人为本，科学管理科研人才

广大教师和专职科研人员是高校科研活动的主力军，也是高校科研系统中最为活跃的智能要素，他们的积极性能否得到完全发挥是高校科研实力能否发展壮大的关键。现代管理学大师道格拉斯·麦格雷戈（Douglas M·Mc Gregor）认为：人按其本性，是受激励的，组织中的人不是机器中的齿轮，而是活生生的、有个人追求的人，因此组织中人的活力，将决定着群体的成败；应小心翼翼地关照人的态度，因为态度决定着人的行为。这里，麦格雷戈告诉我们，以人为本，人性化的管理是提高系统运行效率的正确途径。以人为本的高校科研管理是指在科研管理中，将人置于管理的核心，确立人的主导地位，通过卓有成效的管理活动来调动科研人员和科研管理人员的积极性、主动性和创造性，以保证科研工作目标的实现，同时，致力于人的发展，积极创造条件，努力促使科研人员和科研管理人员全面自由发展。因此，对于广大科研人员，我们必须激励他们、关心他们，尊重他们的价值和能力，以感情联络为纽带来实现以人为本的管理，并最终激发他们的精神潜能。

　3.在科研管理中引入"法"的管理，全面贯彻"法德并治"原则

结合国家宏观科技管理政策法规，制定并完善各种学校内部科研管理规章制度，以切实提高学校科研绩效。在制订各种校内科研制度时，要充分体现激励与约束、权利与义务、利益与责任的统一。立"法"有利于对广大科研人员的活动进行正确引导，可以帮助他们确定研究的预期目标，减少各种冲突和不利因素，顺利完成科研任务，并最终降低科研管理成本，实现管理的效益目标。

激励机制可以以物质利益为主、以精神荣誉为辅的原则作导向，通过加大对科研成果和优秀人才的奖励力度来调动他们的积极性、创新性和工作热情，为广大科研人员的脱颖而出提供物质保障；约束机制的核心则是考核评

估。我们必须通过定性考核和定量考核相结合的办法，建立起科学合理的科研工作和学术成绩考核评估体系，以约束促激励，推进学校科研的全面发展。

4.加强科研管理人才及队伍建设，努力提高服务科学研究的水平

一个称职的科研管理工作者，需要具备优良的决策能力、判断能力、分析能力、表达能力和语言才能。因此，切实提高科研管理人员个人能力与从业素质是提高管理绩效的关键。

当前，高校在行政管理人才的使用方面存在一个误区，即出现所谓"双肩挑"现象，把在专业研究领域内有能力的教师安排到行政领导岗位上，使这些人身兼科研、教学、行政三职。诚然，这显示了高校对科学家的尊重、对知识的景仰、对人才的爱护，但有"行政权力学术化"之嫌，学术成就成了个人加官晋爵的重要筹码。同时，这对一部分因此而失去提升机会的专职行政管理人员来说是不公正的，其积极性定会受到挫伤。术业有专攻，好的科研工作者并不一定就是出色的管理者，这些"双肩挑"教师整日忙于各种事务性工作以及跑上跑下的关系处理中，严重缩短了他们的科研时间，客观上迫使这些管理干部无暇顾及科研。这显然是对人才的浪费与误用，与专才专用的科学用人理念相悖。因此，行政管理走向职业化，用专业的科研管理人才取代"双肩挑"行政干部是高校管理体制改革的必然出路。

5.优化科研成果管理，注重自主知识产权的保护

拥有丰富的人力资源的高校在自主知识产权的培育、获取、应用以及保护等方面仍显稚嫩，故高校自主知识产权管理亟须加强，应该把它当作工作的重心，通过建立完整的知识产权发展规划体系来充分发挥高校在当代经济发展中的"科技创造源"功能。知识产权管理具有复杂性、系统性和变动性特点，牵涉到整个科技活动的方方面面。所以，知识产权管理机构在日常工作中离不开科技处、产业处等校内相关部门的协助。只有协调好这几个部门的关系，做到职责分明、分工负责、各司其职，同时又相互支持，才能切实保护好本校的自主知识产权。

第二章　高校科研管理主体与客体

  高等学校是知识创新、知识传播、知识物化的重要基地，是培养高素质人才的摇篮和圣地，也是开展科学研究的基地。因此，科研工作是高校工作的重要组成部分，是人才培养和学科建设的重要支撑，是提高教学质量、深化教育改革、优化教学队伍建设的根本保证。所谓"以人为本"的管理，即首先尊重人的价值存在，确立人在管理过程中的主体地位，继而围绕着如何调动人的主动性、积极性和创造性去开展组织一切管理活动。也就是说，在管理活动中，始终把人放在中心位置；在手段上，着眼于最充分地调动所有人的积极性，优化人力资源配置；在目标上，追求人的全面发展以及由此带来的管理效益。

  "以人为本"的管理重视人的主体作用，通过培育和升华人的主体精神，增强人的自主、自强、自立、自觉、自尊的独立意识和责任心，使人以主人翁的态度对待社会、事业和人生，不仅为人的潜力发挥创造了条件，而且增强了人的奉献意识，因而提高了人的全面素质，促进了人的全面发展，优化了管理的效能。高校是教育发展的重地，科研工作是促进高校发展的主要途径之一。因此，在高校科研工作中实施以人为本的管理是实现高校可持续发展的必要前提。

第一节　高校科研管理的主体

高校科研管理的主体，从我国目前来看主要是指各高校、高校的上级行政管理部门，包括地级市、省、中央等教育行政主管部门。此外，人力资源是科研力量的核心，也是科研力量的灵魂，没有人力资源就无所谓科研力量。科研力量能否实现内聚力、集约化发展，起决定性作用的是"人"，即广大的科研人员。人是具有生命的鲜活个体，人的整体发展态势决定着"物"的流向与存在的状态。可见，广大教师和专职科研人员的积极性能否得到完全发挥，是高校科研实力能否发展壮大的关键。

把"以人为本"的理念运用到高校科研工作中去，就是指在科研管理中，将人置于管理的核心，确立人的主体地位。通过卓有成效的管理活动来调动广大教师、专职科研人员的积极性、主动性和创造性，以保证科研工作目标的实现，同时，致力于人的发展，积极创造条件，努力促使广大教师、专职科研人员全面自由发展。因此，在高校的科研管理中就应当坚持"以人为本"，这不仅是科研人员自身发展的需求，也是科研管理可持续发展的必要前提。在高校科研管理中坚持"以人为本"的策略，充分发挥人的主体性，是实现对人的终极关怀的必要条件。在高校的科研管理中，只有重视专职科研人员及教师的主体作用，凸显他们的主体地位，充分发挥他们的主体性，增强他们的主人翁意识，才能增强他们的责任感，调动他们的积极性，充分发挥他们的智力潜能，拓展他们的思路，提高他们的科研能力和水平，使他们为高校科研的发展做出贡献。

一、高校科研人员的管理策略分析

科研人员管理在国外作为研究课题已经存在几十年了。对于怎样提高科研人员的主体意识、工作绩效等已有较多的研究成果。今天研究的商业环境发生了重大改变，战略的变化方面更加强调发展，时间对市场来说更为重要，知识产权越来越被看作核心能力。新的计算机和电信技术给工作带来方便，团队工作及合作意识成为科研创新的重要组织形式。

（一）奖励科研人员

尽管科研人员能用外在的奖励来触动，但有证据表明，与外在奖励相比，内在奖励是更有效的动力。例如，不同学者的研究发现：技能上的挑战是科研人员的主要动力；能提供新挑战和新技能的一系列工作职位能激发科研人员的积极性；许多科研人员对项目工作的挑战更有兴趣。金钱是普遍的外在奖励，但它不能让科研人员对他们的工作产生狂热的兴趣；而内在奖励能激发科研人员的激情。科研人员愿意留在有趣和有挑战性的实验室，离开提供常规工作、拥有较少个人自主决定权的实验室。因此，当前奖励体系需要关注工作本身的内在奖励。

但是，当前奖励体系也需要采用外在奖励，因为高业绩的科研人员能对组织做出实质性的财政贡献。当前奖励体系需要灵活地依据科研人员的贡献相应地给予他们奖励。有证据表明，如果高业绩者遇到有更好待遇的地方，他们就会离开。因此，更大的工作范围、更好的现金红利和更多的提升机会也有助于留住高业绩科研人员。

因为当前科研机构非常依赖跨功能性团队，这些机构也给跨功能性团队的业绩提供奖励。在今天的环境下，科研人员常常发现工作压力很大，难以平衡工作和家庭的要求。因此，生活的安排，如弹性时间、健康俱乐部和体育馆不仅能吸引科研人员，也能留住科研人员。

（二）评价科研人员的业绩

成功的组织机构以一种正式和系统化的方法评价业绩。有几个评价指标有助于考量科研人员的业绩。一些评价指标是量上的，如：出版物是体现创新精神的一个信号，引用出版物的数量是体现出版物创新价值的量；专利是创新精神潜在市场化的一个信号，引用专利次数和专利产生的财政收入是体现专利重要性的量。一些评价指标是质上的，如自我评价和专家、管理者、同事和消费者的评价能够在一个或更多业绩维度上给个体排出等级，评价个体完成任务的程度。使用多重评价指标更能取得理想的效果。

（三）实施职业管理

传统假设认为科研管理有两个方向：技术方向和管理方向。技术方向的人，更可能获得博士学位，更常评估研究的自主权和技术绩效。管理方向的人，更有可能受到较少的技术教育，更常估计商业成功和组织业绩。

为了适应这些职业方向，科研机构创设了双职业通道。管理方向的人在管理道路上获得提升，技术方向的人在技术道路上获得与那些管理方向的人同样的提升。这种双职业通道也适应传统方法的专业团队。而且，科研人员可以有多于两个的职业方向。

有学者发现技术专业和其他专业的事业发展有四个阶段：①学徒阶段，专业人员学习必要的技术技能，在严密监督下工作；②独立贡献者阶段，专业人员掌握技术技能，成为独立的技术贡献者；③顾问阶段，专业人员成为较低水平的专业人员，如许多技术管理者；④赞助阶段，专业人员提供机会给其他专业人员，处理组织的外部环境。

（四）建立跨功能性团队

传统的科研工作被分开在职能团队中，因而科研管理人员只是对技术工作承担责任。在跨功能性团队里，除了对技术工作承担责任，科研管理人员分享了整个跨功能性团队工作的其他职责。跨功能性团队被科研管理广泛接受，因为团队能促进研发目标的实现，减少正式评估的需要，减少成本和需要发展新项目的时间。

为了在今天经济全球化背景下取得竞争优势，跨功能性团队可能在全球分布。这些团队允许跨国机构聚集世界各地高素质科研人员，使其在一个团队工作。不过，有学者认为这些团队如果没有正确的管理，就更可能导致失败。因为这些团队跨文化的本质可能导致交流问题。为防止团队失败，应做到以下几点：使信息明确；增加面对面接触的机会；在团队成员间建立信任；不断地促进团队成员间的交流。

（五）领导科研人员

技术管理者发挥着两种重要作用：催化剂作用和首领作用。技术管理者提供给科研人员一个富有挑战性和更多自主权的环境，提供明确的工作目标，允许他们成长、发展，通过这样来完成催化剂作用。技术管理者通过指导科研人员工作来发挥首领作用。然而，技术管理者所起的催化剂作用越大，其发挥的首领作用就越小。为了在今天竞争激烈的研究和发展环境里成功，技术管理者要从命令和控制方式转向领导方式。因而，技术管理者要从首领角色转向催化剂角色。管理技能、人际交往技巧和专业技能对技术管理者发挥催化剂作用有着十分重要的意义。

（六）实施知识管理

科研人员是知识工人，知识是获得竞争优势的核心资源。知识一般分为两类：显性知识和意会知识。显性知识能通过口头传递或通过文字传送；意会知识是个体化的、经验的，更多是通过联合活动传送。而且，两类知识存在于个人和组织里，科研机构通过管理这两类知识获得竞争优势，特别是意会知识。知识管理在技术组织里起作用的两个主要因素是文化和结构。

（七）利用电子技术和其他技术

科研人员的工作主要依赖信息的流动和分析。电子技术能用于指导信息流程和分析信息。网络是大大提高信息传播速度和降低交流成本的新工具。因而，网络有潜力大大提高科研人员的成绩。他们使用网络促进产品开发和项目研究。以网络为基础的系统开发，能够使科研人员在最短时间内发现和解决涉及的问题，从而使开发的时间和花费大大减少。

科研人员使用了以网络为基础的数据库去进行知识管理，使用在线数据库在其他组织领域寻找已存在的技术问题解决方法。然而，这样一个在线数据库不足以保证科研人员成功地交流技术知识。因而，需要对在线数据库进行有效管理。

二、高校科研管理人员的素质要求与绩效考评

高校是信息的传播地，是人才的开发地，也是新知识的诞生地。新知识的产生需要高校科研人员不断进行深入的科学研究。高校科研水平的高低与科研管理人员有着密切的关系，而科研管理水平在高校科研发展中起着举足轻重的作用。高校科学研究除了需要一支高水平的科研人员队伍，同时也需要一支高素质的科研管理人员队伍。建设一支结构合理、训练有素、有开拓精神的科研管理人员队伍是高校科研管理充分发挥管理效能的必要条件，也是科研水平不断提高的重要保证。

（一）高校科研管理人员的素质要求

1.较强的政策能力

高校科研管理人员应该重点了解、熟悉和掌握国家发展科学事业的路线、方针、政策及规定，明确本单位科学研究的发展方向、重点研究领域、重点

研究项目或课题，以及本单位科研管理各项规章制度或条例；应重点了解、熟悉和掌握科研管理工作范围内的有关政策和规定，以保证自觉地贯彻执行这些政策、规定，防止违反政策、规定的情况发生。同时，在执行过程中，高校科研管理人员还要同本地区、本单位、本部门实际情况结合起来，充分发挥自己的主动性和创造性。只有这样，才能保证党和国家发展科学事业的路线、方针、政策得到正确贯彻和落实。

2.崇高的敬业精神

科研管理工作归根到底是一项服务性工作，没有认真负责的工作态度和敬业精神，一切工作就会成为无源之水、无本之木。高校从事科研管理工作的人数有限，工作千头万绪，既要对科研活动实施管理，又要为科研人员服务，所以高校科研管理人员需要走在前列，只有把敬业放在首位，才能以工作为重，不计较个人得失。高校科研管理人员必须以饱满的热情投入工作，在科研管理工作中不怕困难，虚心请教，锐意创新，踏踏实实地做好本职工作。高校科研管理人员还应牢固树立实事求是的思想和客观公正的办事作风，在所从事的科研管理工作中，发扬敬业奉献的精神和一丝不苟的工作作风。

3.高尚的职业道德

科研工作技术含量高，涉及先进技术多，良好的职业道德是做好科研管理工作的必要条件。以法律为准绳，以道德为基础，以职责为根本，充分认识知识产权含义，牢固树立知识产权意识，严格遵守科研保密规定，尊重科学，崇尚真理，公正、客观地对待各个项目、各项工作、各位科研人员，排除杂念，是高校科研管理人员的必备素质。

4.扎实的专业知识

高校科研管理工作面临着各个学科、各个研究方向不同的研究内容，这就需要科研管理人员了解相关学科的一般知识，只有这样才能较好地对不同学科、不同研究方向、不同研究领域的研究工作进行有效管理。随着学科重组、交叉学科增多，高校科研管理人员要加强专业知识的学习，及时补充相关知识，以适应现代科研发展的需要。高校科研管理人员要不断学习科研管理理论、方法和政策，并创造性地与本院校实际情况相结合，学会发现问题、分析问题和解决问题，善于从大量细微的工作中总结经验，不断把握科技工作的特点和规律，解决工作中的问题，并以此来指导今后的科研管理工作。

5.综合的管理能力

高校科研管理人员的工作是围绕管理进行的。管理能力包括创造性的思维能力、较强的判断能力、独立的工作能力、组织能力、表达能力等。高校科研管理人员既要学习管理理论，以管理理论指导实际工作，又要在丰富的实践中总结经验；既要与大量的数据、信息打交道，又要与不同层次的人员打交道，要有分析能力。所以高校科研管理人员掌握一定的管理艺术，把管理的方法和理论、手段应用于工作中是非常必要的。高校科研管理人员要以科研管理理论为工作指导，以科研实际为前提，以科研实践为准则，在千头万绪的工作中善于厘清思路，判断出重点。

6.较高的信息能力

高校科研管理人员首先要广开信息源。高校科研管理人员既要了解科研的基本特点及基础知识，又要从宏观上掌握科研动态信息，从中采集有价值的科研信息；既要了解当前的领先课题和研究重点，又要掌握科研发展的客观要求及主要矛盾，不断吸收新信息，充实科研工作。

其次，高校科研管理人员要收集、转换和处理信息，并对信息进行检索，核实其可靠性。高校科研管理人员在收集信息时，要重视调查研究，掌握全面而系统的情况，绝不能让东拼西凑的信息作为决策的根据。

最后，高校科研管理人员要对信息进行整理和纯化，并编制索引供人查询，还要重视信息反馈，努力构建人本管理的灵敏的网络化的信息反馈机制。

7.良好的协调能力

高校科研管理人员与各级各类部门、单位管理人员联系时，要在科研项目开发和申报工作中起穿针引线的作用。上级部门的政策和指示、科研人员的研究成果都要通过管理人员相互转达，这样才能保持良好的互动关系，才能使有价值的项目得到上级主管部门的支持，尽快转化为生产力，推动科技进步。高校科研管理人员还要与科研人员保持联系，使科研人员对政策和指示有全面的了解和掌握，并且把各个环节协调好，为科研工作创造一个有利的外部环境，充分调动广大科研人员的积极性、主动性和创造性，促进科研工作的开展。

8.高超的服务能力

高校科研管理工作的一个重要目标就是最大限度地调动科研人员从事科研创新活动的积极性，使他们快出成果、多出成果、出高水平的成果。因此，高校科研管理人员应牢固树立以人为本的思想，树立科研人员至上的观念，提高服务质量。高校科研管理人员平时要注意加强与科研工作者的交流和沟通，听取他们的建议，了解他们的工作进展，帮助他们反映问题，解决他们所遇到的困难，把服务贯穿于工作的全过程。高校科研管理人员要有奉献精神，主动、热情、高效地为广大教师从事科研工作发挥桥梁和纽带的作用。

总之，高校科研管理人员要想科研人员之所想，急科研人员之所急，处处为科研人员着想，做科研人员的坚强后盾，使他们能一心一意地投入科研工作。

9.突出的创新能力

科研管理也要有创新，包括管理观念的创新和管理方法的创新。观念创新要求高校科研管理人员对科研、对管理的认识更加科学、系统，能够突破以前的管理模式，适应高校体制的改革需要。对于现代管理来说，方法的创新建立在熟练应用现代化科研手段的基础上。管理工作涵盖面广，方法的创新至关重要。

管理工作的创新可以更大限度地激发科研人员的创造力，推动科研工作的科学化进程。目前，我国的科研管理系统效率还比较低，许多机构缺乏一套有效的责权利统一的管理体系，不能适应社会发展的需要。要建立一个全新的管理体系，必须激发高校科研管理人员的创新意识，并加大投入，通过各种政策和激励手段推进管理创新，培养管理人员的创新能力。当前，围绕信息化而进行的管理创新已初具规模，但研究的深度还不够，而且只限于高层科研单位，在这方面还有很多工作要做。

10.持久的市场开拓能力

市场经济在本质上是促进科技与经济社会结合的催化剂，是科技繁荣进步的推动器。高校科研管理人员要善于洞察市场，善于组织科研人员到市场经济的大环境中，根据市场经济和社会发展的需要，及时调整和合理配置基础研究、应用研究和开发研究三方面的力量，在保持拥有一支从事基础研究的精干队伍的同时，积极组织更多的科技力量，主动走向市场，把研究与开发的成果尽快转化为生产力，使之参与社会经济大循环。面对激烈的竞争，面对活跃的市场，要想抓住机遇，发展自己，并赢得各方面的支持，高校科研管理人员的公共关系活动很有必要。高校科研管理人员的公共关系活动可以促进科研组织内部的协调，优化科研组织外部环境，沟通和协调与各方的联系，推进科研课题的立项和成果转化。

高校科研管理人员的自身素质和管理水平对高校科研工作的发展有着重要的影响。高校科研管理人员应不断加强自身建设，运用现代管理思想和手段做好科研管理工作，为实现学校整体研究水平的提高和科研工作的跨越式发展做出应有的贡献。

（二）高校科研管理人员的绩效考评

高校科研管理是学校管理的重要组成部分，其水平的高低直接关系到高校在竞争中的地位、生存与发展。目前对科研管理人员实行的绩效考评虽收到了一定的成效，但尚存在一些问题。随着高校改革日益深化，传统的组织模式和管理理念已越来越不适应当下环境，建立现代化的管理体制已成为研究的热点方向之一。

高校科研管理人员绩效考评，是指考评主体从绩效目标出发，通过一定的方法和客观标准，对科研管理人员的素质、工作能力、工作成绩、工作态度等进行的综合评价。它是高校科研人力资源管理工作的重要内容及基础性工作，也是高校进行绩效管理的一个核心环节。科学、合理、高效的绩效考评制度能有效地激励广大科研管理人员，改善他们的行为，充分调动他们的能动性、积极性、创造性，实现学校和个人的共同发展，对高校管理体制建设有着重要的现实意义。

1.建立目标明确、可操作性强的量化考评指标

考评什么是考评工作首先要解决的核心问题，是绩效考评能否有效进行的基础，也是衡量考评工作的关键。在绩效考评工作启动之初，科研管理部门就应分析并统计近年科研管理的整体运行情况，仔细研究学校的发展战略目标并根据各部门教职工工作的实际情况和岗位特点建立具有可操作性的综合考评指标。各院系部门负责人要根据本部门工作性质，对相应的科研管理任务进行分解，建立部门内部的科研管理绩效指标，各院系领导应同员工代表一起，对个体所在岗位的特点展开有效分析，在明确工作目标、职责、权力和条件的基础上，将部门绩效指标进一步细分为各职责的绩效衡量指标。同时在建立考评指标时要明确，学校的发展规划和战略目标不是靠几个人或几个部门来实现的，而是要靠每一位教职员工的努力来达到的。对于不同的岗位、不同的职责要求，考评指标也应有所不同。所以部门负责人应采用调查、访谈等多种形式，加强与教职员工的联系，让教职员工主动接受绩效管理。在确定指标时要尽量做到将科研年度重点工作和临时突击性任务逐层逐月分解到每个具体的岗位上，形成教职工月度考评指标。在量化指标的描述中尽量采用准确的量词，以保证考评的客观、公正，避免人为的偏差。如果选取的指标不可控，绩效考评就没有实际的意义。随着高校科研工作的发展，科研管理内容的丰富和更新，构建和完善科研绩效考评指标体系也成了一个动态的过程。

2.构建完整、系统、连续的考评模式

在考评指标确定之后面临的问题就是如何考评。绩效考评在整个绩效管理流程中占有重要的位置，前期考评指标的铺垫在这里得到结果的呈现。绩

效考评工作绝不仅仅是考评方简单地对被考评方照表打分，这一环节仍然需要充分的、科学有效的沟通。目前很多高校的科研管理绩效考评仅仅意味着打分、填表，没有足够重视沟通环节，从而削弱了考评结果的可信性，导致员工产生抵触情绪，进而导致整个绩效管理体制的低效甚至失效。完整系统的考评模式必须是考评双方就考评方对被考评方的评价进行沟通与讨论，考评方有义务对每一项指标的得分进行说明，被考评方有权提出自己的不同意见。如果双方不能达成一致，则还可以通过正常渠道进行绩效申诉。积极有效的沟通能够避免暗箱操作和由一些主、客观因素带来的考评偏差。在考评过程中学校应加强并重视执行过程的检查和控制，准确了解各岗位绩效目标的执行状况，及时发现执行中的问题，采取有效措施，使绩效目标的实现得到保证。在考评实行过程中要坚持做好平时记录，形成绩效文档，随时针对出现的问题进行沟通。

3.制定合理的绩效反馈制度

考评结果如何处理即绩效反馈问题，是绩效管理能否取得成功的关键步骤之一，很多科研管理部门领导层在考评结束后，很少就考评事宜与员工沟通，甚至对考评结果进行保密。这样做的结果就使考评在事实上沦为对过去工作的回顾，而对未来工作的改进毫无意义。绩效反馈的目的主要有两个：一是对工作信息的反馈，利于员工调整工作方法；二是激发员工的上进心和工作热情，授之以渔，从而提高绩效。因此，应最大限度地减少考评结果的神秘感，实现反馈的公开化、规范化、制度化。反馈的形式根据需要可以多样化，比如可以是直接面谈，也可以采用考评结果报告等方式。在反馈环节里最容易出现的问题是主持考评相关的领导或负责人没能对员工的优点和缺点给予明确的信息揭示，未能结合科研管理绩效目标传达出对员工的期望。一个完善的绩效反馈报告除了要回顾员工过去的绩效表现之外，更重要的是能够通过考评来了解各院系部门和员工的能力状况和发展潜力，有的放矢地制定更完善的发展计划，从而最大限度地激发员工的工作积极性、主动性和创造性，提高科研工作的整体绩效。

4.树立团队绩效价值观，实现绩效最大化

在绩效考评过程中，由于价值取向的不同，考评的标准、指标及考评办法等都会有相应的差异，可以说价值取向是绩效考评的基础，也是建立整个绩效考评体系的风向标。高校科研管理工作是一个完整的系统，许多管理工作都是相互联系、相互影响、相互制约的，各部门协调配合才能构建出和谐的整体。以团队的绩效去评价团队成员的业绩，这样绩效评价就容易找到一个参照，对绩效指标也能进行有效的把握。在评价标准的选择上，既要考评工作结果，又要考评工作流程，这有助于团队精神的培养。在进行个体绩效考评指标设定时，树立团队绩效观，根据各岗位的实际情况，适当加入一些与团队绩效和流程相关的指标，并通过团队绩效目标及相关工作流程将不同特点、不同能力结构的人员融合在一起，量才而用，重视引导，达到团队成员互促共赢的局面，实现整体绩效最大化。

5.加强辅导，促进人员综合素质的提高

绩效管理强调以人为本，重视个体的参与，强调沟通与互动，而这些行为的最终目的之一就是提高被考评对象的整体素质。职工的整体素质提高了，对目标的认可度提升了，整个目标才会得到很好的执行。绩效考评只是绩效管理过程中的重要环节之一，考评的结果不仅是针对过去工作的检查和测评，而且要解决如何提高绩效、达到目标、提高员工整体素质等问题。根据阶段考评结果，高校相关管理部门领导应帮助职工找出问题所在，使其改正缺点，提高工作效率。其中重要的理念是帮助提高，而不是批评教育。

第二节　高校科研管理的客体

本质是事物的内部联系，它由事物的内在矛盾所规定，是事物比较深刻的、一贯的和稳定的方面。高校科研管理的本质就是在高校科技系统目标的指导下，把对高校科技系统的资源投入——组成系统的要素（如高校教师、学生、管理服务人员、经费、信息等）结合在一个统一的有机体内，以实现不同的分目标，并最优地实现高校科技系统整体目标，即解决高校科技系统有限的资源投入与高效益地实现高校科技系统目标的矛盾。在解决这一矛盾的过程中，高校科研管理的客体就是科研活动。

许多高校的领导者认为，科技（研）处是学校的行政管理部门，是学校科研政策的执行者，强调科研管理工作就是服务工作。有的科研人员认为，科研管理部门是学校的机关部门，科研管理人员是行政人员，不能管理科研本身，只能管理与科研有关的事务性工作。受此影响，一些科研管理人员认为，政策是领导的事，学术是专家的事，科研管理人员的工作就是事务性的服务工作。事实上，服务不能代替管理过程，科研管理的过程本质上是管理活动。此外，在管理过程中不能只考虑围绕建立科研组织，协调科研组织与人员的关系等生产关系方面开展工作，必须合理组织与配置科研资源，充分发挥科研资源的生产力作用，并努力获取最大效益，使科学技术真正成为第一生产力。科研管理创新能力来自管理者。正如科研创新必须调动科研人员的积极性一样，科研管理创新必须调动科研管理人员的积极性。因此，科研管理人员必须树立服务意识、强化管理职能、创新管理模式、提高服务效益，即通过提高管理效益来提高服务效益。从这个意义上来说，只有服务意识而没有管理意识，就没有高质量的管理效益，提高了管理效益就是提高了服务效益。强化管理人员的管理意识是科研管理创新的保证。科技创新反映的是科技进步与科技水平的提高，要求对管理不断进行改革和创新。因此，管理创新必须与科技进步同步发展。经验对于管理是很重要的，但仅凭经验和直觉是不能做好科研管理工作的，当前科研管理人员在注重服务意识的同时，必须强化管理意识。

一、高校科研过程与目的管理分析

高校拥有包括高水平的科技专家在内的丰富的人才资源，其学术思想活跃、学科门类齐全，非常适合进行自由探索式的、多学科交叉的基础与应用研究。实践证明，高校已经成为我国科技创新队伍中的有生力量。高校的科研管理是高校管理工作中不可缺少的方面，高校科研管理者肩负着制定、实施全校科技发展规划和科研管理政策，以及对科研项目、科研组织、科研效应等方面进行管理的重任，在整个高校的发展中起着十分重要的作用。

（一）高校科研的过程管理模式

高校科研的过程管理模式是指对科研项目立项、项目实施与经费管理、监督与检查、结题验收等几个科研环节的具体过程进行管理。

我国现行科研管理体制以课题制为主，是典型的过程管理模式。在过程管理模式下，政府在真正的科研开始前就对项目投入资金。科研经费在整个项目周期内的所有权是国家的，使用权属于研究者，而监督权属于项目的依托单位，实行的是跟踪式的管理。大致流程是：政府根据国家科技发展战略制定项目指南，符合资格的科研人员申报项目；经过一个复杂的立项评估程序，一部分项目获得批准；实施项目；验收和结题。其中，项目的实施阶段又包括项目的具体实施、项目阶段评估、项目中期评估、经费管理和监督检查等环节。

但是，高校科研的过程管理模式也存在一定的问题，主要表现在以下几个方面：

1.重立项轻产出

项目获得的资助数目和资助金额一直以来被作为衡量科研机构和科研工作者科研实力的重要标志。有没有项目、有多少科研经费直接决定了科研单位的地位及科研工作者的职称评定和升职加薪。在过程管理模式下，人们对科研有大量的先期投入，而对资金投入后是否产生了真正的成果很少进行实质性的审核，许多项目的验收和鉴定都流于形式，给科研机构和科研人员造成了项目立项比最后的成果更重要的不良印象，导致科研人员把大量的精力集中在项目申请上，科研人员在跑项目等环节上的人力、物力、财力投入甚至大于对项目研究的投入。

2.难以反映科学前沿动态

项目的研究目标、技术路线、研究方法及经费预算都是在经过大量的调研、论证和充分的检索查新后完成的，很多思路和设计在研究人员提交申请书时都处于某一研究领域的前沿。但是，立项一般要经过项目申请、形式审查、同行评议、综合处理、评审会等几个主要环节。这个过程一般要持续很长一段时间，经过这样一个漫长的审核，办完繁杂的手续，任何创意和构想都可能变得不再前沿。

3.科研机会不平等

过程管理对项目申请者的资格有严格的限制，一般要求有较高的职称、资历和学历。显而易见，过程管理模式凭资历、学历而不是凭科研成果决定经费资助已经造成科研工作者之间科研机会的严重不平等。

4.科研经费管理混乱

首先，项目立项时的预算不能全面真实地反映获得预期成果所必需的项目直接成本和间接成本，纳入经费预算的支出条款与项目实际执行过程中的花费往往不符，项目批准立项后经费管理很难按照申请时的预算执行。

其次，公私不分，化公为私，有些科研人员将科研经费用于个人开支，甚至存在有人用科研经费购房、购车和购买其他固定资产的现象。

5.监督难度大

过程管理模式下的监督问题是一个痼疾，花费了大量的人力、物力、财力，但收效甚微。

首先，承担单位的科研管理人员受自身专业知识背景限制，很难及时、准确地掌握每一个科研项目执行过程中诸如研究方案、技术路线的改变等一系列问题。

其次，对科研管理的监督长期以来不受重视，尽管需要管理的项目很多，科研管理部门的人员编制、设备编制、管理经费等却都相当有限，管理人员在监督时往往心有余而力不足。

（二）高校科研的目标管理模式

针对过程管理模式的弊端，许多人提出了进一步加强管理、审计、追踪、验收、分期拨款等对策。但上述种种问题的出现，并非仅仅由管理不善或监督不严造成，过程管理模式本身也存在很大问题。在过程管理模式下，科研经费的所有者、使用者和监督者的利益是不一致的，导致科研效率低下，科研经费大量浪费。科研管理应摆脱惯性思维，抛弃对过程管理模式打补丁的做法，改为以目标管理模式为核心。

目标管理模式是指以成果评价为核心对项目所达到的目标进行管理。相对于过程管理模式在真正的科研工作开始前即对项目投入科研资金，注重对项目立项、项目实施、科研经费管理、监督与检查等科研的具体过程进行管理，在目标管理模式下，政府对科研项目基本没有先期投入，仅对通过审核认定的科研成果投入资金，强调对科研项目所达到的目标进行管理，即注重对成果的审核、鉴定、购买与转化等方面的管理，而对出成果前的科研的具体工作诸如人员安排、项目研究的进展、经费预算等都不予关注，把具体的科研工作视为不可见的"黑箱"。

目标管理模式以成果为核心，抓住了问题的本质，使有限的科研资金投入最能产生效益的地方，同时简化了管理程序，克服了过程管理模式长期以来眉毛胡子一把抓、什么都想抓又什么都抓不好的弊端，无疑是一套真正公平的竞争机制，它促使激烈的竞争由项目的申请转移到研究和出成果上，形成重视产出的导向，极大地提高了我国科研的整体效率和科研投入产出比。

二、高校科研柔性化服务策略分析

高校科研管理的客体还体现为科研过程的服务活动。高校科研管理部门（科研处、科技处、社科处）既是管理机构，又是服务部门，说到底作为服务一方的科研管理人员，应当考虑的就是如何为学校多拿课题、多出成果、多获奖项，去精心组织，能动工作，进行人性化管理，为科研和科研人员做好服务工作。因此，在日常管理中，科研管理人员应该明确自己的职责，牢固树立服务意识，勤勉严谨，潜心服务，做科研人员的知心人、热心人、贴心人，以爱岗敬业、奉献勤业、好学精业的精神做好科研管理工作。

（一）柔性化服务是高校科研管理的必然趋势

柔性化服务是一种倡导主动适应变化、制造变化、利用变化以提高自身在动态环境中的竞争力的思想。

1.科技需求对柔性化服务的要求

高校科技合作是构建学校的科技成果和成熟技术与社会企业的合作。技术与技术需求是组成科技合作全过程的关键因素。随着市场经济的发展，我国企业进入新的发展阶段，产业结构正向高级、复杂和多元化方向发展，技术与技术需求市场对高校的科研管理也提出了新要求。在合作形式上形成了区域经济或产业、行业与高校的科技合作，校市科技合作，校企科技合作，高校与行业科技合作在合作方式上由科技服务、成果转化向新产品开发、技术改造、工程承包、共建研发基地、创新中心、人才培养基地等方面转换，形成一条科技合作链。总之，高校科研管理是以市场经济引导的、向多元化发展的柔性化服务。

2.科研管理意识向柔性化服务发展

在这个不断变化的全球性的经营环境中，优秀人才是构成组织竞争力的根本要素。因此，高校科研必须充分尊重科研人员，并按照以人为本的原则，站在科研人员内在需求的角度，去为他们提供柔性化服务，去赢得科研人员对学校和事业的满意与忠诚。科学研究的过程就是知识的生产、开发、销售、储存、增值过程，科研人员与科研管理部门应构成一种需求与服务的新型关系，科研管理部门的任务就是将科研人员视为客户，并提供客户化的优质服务和产品，这些服务和产品包括共同愿景、价值分享、人力资本增值、授权赋能、支持帮助。在这种服务过程中，以课题组为核心的基层研究机构应具有很强的自主性，可以向科研管理部门下达命令。科研管理部门主要为课题做好全程服务，主要任务是提供服务和咨询，只有在极度紧急情况下才会进行干预。科研管理部门只有提高柔性化服务水平，才能最大限度地与企业和科研人员建立起良好的合作关系，才能全面开发和满足企业和科研人员的需求，真正推动高校科研和企业技术创新，使其迅速发展。

3.技术转移手段向柔性化服务发展

科技转移过程就是知识流动和技术交易过程，这个过程的基本特征是信息的非对称性、不确定性和技术的公共物品属性。正是以上特征，使得技术交易过程十分复杂，往往一项技术合同的签订要多次反复，不断修改。所以，技术转移有很强的柔性。现代社会的发展，要求高校科研开发必须进行探险性的市场营销预测，强调大量的信息获取和知识转移。对市场的快速反应和应变能力，也要求企业能够及时运用先进的技术开发先进的产品，所以，面对面单一的技术交易方式已不能满足人们对科技成果多层次、全方位的需求。

（二）高校科研柔性化服务的主要措施

在具体科研管理中，管理人员要做到勤勤恳恳，踏踏实实，尽心尽力。高校科研管理部门是科研业务工作上下衔接、内外连接的归口部门，负责科研项目的申报、管理、结题，商谈学术会议的召开和研究成果的推广应用等，人来人往，电话不断，非常忙碌。管理人员经常外出，参加科研会议，收集科研信息，联系科研业务，洽谈成果转化，是非常辛苦的。面对忙和累，管理人员要不厌其烦，乐于奉献，准确高效地办好每一件事情，做好每一项工作，长年累月兢兢业业，勇当幕后角色，甘为无名英雄。争取项目，特别是高级别的项目，是高校科研管理部门的重要职责，如果组织不好，很可能造成失误。

高校科研柔性化服务的主要措施如下：

（1）积极申报是前提。积极申报，就有希望中标；不申报，则一点希望也没有。申报工作组织不好，效果无疑是不理想的。申报工作的好坏，在于发动工作做得是否广泛、深入。大会动员是造势，有一定效果，但太抽象。最好的办法是，科研管理部门分头去院系发动，宣讲政策，下达任务，进行宏观指导，并随时了解动态，跟踪进展信息，掌握申报态势，采取相应举措。申报时，科研管理部门要注意项目小组成员的优化组合，防止报得多、中得少，甚至"全军覆灭"。边缘学科、冷门学科应该受到重视，这些学科中标的概率相对较高。过于集中在几个学科，囿于项目计划，容易造成申报人数过多而效果不理想的现象。

（2）遴选课题是关键。科学研究意味着创新，注重创造性、可行性和特色性，围绕基础研究、应用理论研究和应用研究，走前人没有走过的路，做前人没有做过的事，创造前人没有创造的成果。在遴选课题时，创新是灵魂，选准是关键。特别是国家级课题，级别高，分量重，经费多，影响大，评审严格，竞争激烈，是竞相争夺的目标。科研人员在遴选课题时，既要大胆选题又要量力而行，根据自身的能力水平、收集的资料、实验条件等综合衡量，勇敢选题，克服自卑心理和面子观念等畏难情绪，但又不可超越现状，妄自尊大，靠碰运气盲目申报。管理人员要及时协助他们将面上的信息和本校的情况结合起来，找到需要和可能的最佳契合点，反复论证，直至选准满意的课题。

（3）精心设计是基础。选准了课题，还需要在形式和内容方面进行精心设计论证。科研管理部门要敦促科研人员，按照申报要求，在课题的研究现状和意义，课题研究的基本思路、方法和主要观点，课题的理论创新程度或实际应用价值，课题研究基础（相关成果、主要参考文献）等方面进行充分扎实、雄辩严谨的内容论证和完美系统的形式表述，将一份满意的"答卷"上交，争取在几个轮回的评审中胜出。

（4）严格审查是保障。严格审查是指科研管理部门针对课题申报材料的综合审查。在科研人员完成申报材料后，因为诸多原因，申报材料难免存在不足之处，科研管理部门要对申报表格和论证材料从形式到内容进行系统、全面的反复审查，帮助申报者校准要求，抓住要点，提出进一步修改的意见，避免因疏忽而带来遗憾，因缺漏而遭到淘汰。

第三节　高校科研管理主体
和客体的相互关系

无论是在发达国家，还是在发展中国家，高校都是科学研究的重要组成部分，在促进社会经济发展方面起着不可替代的作用。高校的科研活动是一个服务于社会经济发展，并促进自身的学术水平、研究水平提高的过程。在对科研活动进行管理时，对社会需求进行研究是十分必要的。在我国高校引入竞争机制与市场经济的大环境下，有必要从供求来考虑问题，同时侧重对高校这一研究主体以及社会需求这一科研客体的分析。

一、高校科研管理主客体互动关系的基本假设

对科研项目 A，科研客体在开始时有期望效果 E（A），在结束时有认可效果 R（A），研究主体在结束时有知识效果 M（A）。期望效果是指科研客体一方对科研项目 A 转化后产生效果的期望价值；认可效果是指科研客体一方对科研项目 A 转化后实际产生效果的承认价值；知识效果是指研究主体在科研项目 A 的研究与转化过程中获取的知识与经验。

（一）研究主体

高校作为研究主体，在科研项目开始前是以一种静态的知识水平出现的，表现为不同的学科门类、组织形式、职能单位。由于组织形式在纵向上体现了历史发展的趋势，在横向上又具有同一性，因此本部分选择组织形式作为分析高校研究主体的测度。

根据国内外的情况分析，高校研究主体的组织形式有个体、实验室和科技公司等。个体作为最早，也是一直持续至今的研究主体，在小范围内具有成本与决策的优势。但随着 E（A）的增长，个人能力与精力的限制，开始形成由相同或相近学科的人员合作研究的情况，后形成实验室这一组织形式。20 世纪中叶左右开始，E（A）的增长、学科知识的进步和转化周期缩短的要求，都促使在科学研究中进行更高程度的多学科协作，开始形成有高校背景或直接由高校控制的科技公司。由于规模效应与协同因素，许多地区逐渐形成了由科技公司汇集成的大学科技园区。

以上三种形式组织起来的研究主体并不是纯粹的研究开发者，在功能上有些还具有生产、营销的性质，特别是科技公司在成果转化方面具有多重功

能，但研究创新的灵魂作用是贯穿始终的。因此，这里仅从研究主体的角度分析这三种组织形式。

以上三种组织形式仅指高校的研究主体，而且三者的顺序并不表示后者彻底排斥前者。由于各学科发展水平各不相同，更重要的是各科研客体的 E（A）变动范围非常大，因此三种组织形式并存发展，如同跨国公司的扩张并不会完全排挤中小企业的市场空间一样，这三种组织形式都有自己的优势，但是后者较之于前者发展得更快，可以进行前者无法胜任的研究。

（二）科研客体

实践与历史的经验告诉我们，不仅要考虑单项与短期科学研究项目的客体，而且要重点分析长期互动过程中的科研客体。从主体服务对象的普遍性与对宏观经济的影响力角度出发，社会科研客体可分为个体项目、地区行业和国家产业。当然，这种分类也是基于世界范围内的科学研究情况，以及我国的现实情况。

二、高校科研管理主客体互动机制分析

在科学研究过程中，主体与客体之间是相互作用的。这里将高校作为一个整体进行分析，也就是将高校组织、协调起来的不同研究主体作为整体进行分析。这样，新的研究主体为个体集、实验室集、科技公司集。

科技公司集在很多地区表现为大学科技园区、创业园区等形式，但还有其他的表现形式，如单个的科技公司集、小集团的科技公司集、非营利性的科技公司机构集等。因此，研究主体还是用科技公司集，而不用它的某种表现形式来命名。

由于科学技术的发展有其自身特有的规律，将研究主体作为第一测度对象，将科研客体作为第二测度对象，可以得到以下九种形式：（高校个体集，个体项目）（高校个体集，地区行业）（高校个体集，国家产业）（高校实验室

集，个体项目）（高校实验室集，地区行业）（高校实验室集，国家产业）（高校科技公司集，个体项目）（高校科技公司集，地区行业）以及（高校科技公司集，国家产业）。

（高校个体集，地区行业）（高校个体集，国家产业）和（高校实验室集，国家产业）这三种形式由于自身组织、科研能力的限制，加上新的研究主体组织形式的出现，因此在实际中它们就主要表现为一种号召力与象征性。

第三章　高校科研管理分析与创新

高校科研管理创新是促进科技创新与市场机制相结合的客观需要。知识经济的发展客观上要求科研管理机构肩负寻找市场信息、追求知识创新的切入点、探索可供转化知识的有效机制的重任。但是科研管理的理念至今仍然存在一定的问题："重管理轻服务"，对科研人员和科研项目实行机械化管理，缺乏以人为本的观念；"重成果轻转化"，科技成果转化水平低，市场意识和知识产权保护观念薄弱。究其原因，在于高校的科研管理水平滞后，这包括科研人员自身意识淡薄，更主要的是科研管理部门缺乏创新意识，另外就是管理体制不完善。只有改革现有的科研管理运行模式，建立一套适应高等学校科技创新体系建设的"自律、竞争、激励"的良性体制，才能完成时代所赋予的科技创新的历史使命。

第一节　高校科研管理分析

一、高校科研管理的能动性分析

增强高校科研管理的能动性，使松散的个人或集体的研究联系得以加强，对形成并体现出群体的学科优势有着很大的作用。

（一）项目选题的能动组织

科研活动是科研人员在其学术领域中自由、自发、自主的活动，需要一种和谐、宽松的环境。科研管理要做到既充分尊重每一位科研人员的研究个性，又加以适当的组织策划，使同一个学术群体中每一个科研人员自由松散的研究行为有机地加强联系，有所侧重和分工。在对选题进行设计时要十分注意各选题之间的逻辑关联，有意识地将几个选题绑在一起形成一个课题群。使本单位的研究项目在某一时期的某一方面形成优势，是体现科研管理能动性、促进学科优势形成的一个方面。

（二）项目申报的能动策划

项目申报是科研人员的自主行为，但是静态的管理和能动性管理有不同的效果。静态的管理往往是将通知往外一贴，等着科研人员把项目申请书交来，然后将其提交给上级科研管理部门。能动性管理则是在科研人员自主申请的基础上，充分调动科研人员的积极性并进行协调，从而有效地保证申报课题的中标率。为此，需要做好以下三方面的工作：一是全体动员，将有关申报的通知和操作办法通过各种形式让科研人员知道，鼓励科研人员积极申报；二是组织申报人员开会，将他们申报的课题互相协调，以避免"撞车现象"，同时，请有关人员介绍该类项目的评审要求和注意事项，并进行填表操作技巧的培训；三是实行校学术委员会论证制度，就申报课题的角度、申报课题的注意事项等方面提出建设性的意见。这样，在很大程度上可提高本学科科研项目的申报率和中标率。

（三）科研产出的能动设计

科研产出是完成科研项目取得的成果，包括论文、著作、专利、研究报告等。科研管理者可将分散的、相互缺乏沟通的研究成果组织起来，也可将整个学科人员的有关成果（包括硕士生、博士生的毕业论文）精心组织出版，设计成本学科的论丛系列，从而形成一个"重量级"的成果群，这样，一个学科的学科优势就能较好地体现出来，从而给获得各级科技奖励夯实基础，从形式上体现出强有力的学科优势。

二、高校科研管理的复杂性分析

科研管理主要是用定性分析和定量分析相结合的方法，研究和处理"人-事-物"系统的运动规律及提出对该系统进行优化控制（引导、领导和管理）的理论和方法的综合性科学。因此，科研管理的目的在于通过对科研系统特征和运行机制的认识，对该系统加以干预，以达到预期的效果。应用复杂科学的原理和方法，在科研管理的研究中确立非线性的、混沌的、突现的、非还原性的思维，用复杂性科学理论的观点，全面地、动态地考查科研管理系统如何在外界条件影响下，在内部子系统间的协调作用下，对外进行科研交流合作，对内灵活应变，以揭示科研管理系统存在的非线性、混沌、突现、自组织、非还原性等现象，建立适应科学技术发展的相对稳定有序的结构。

（一）建立科学、合理的科研协同机制，加强课题团队的协同

协同学研究的是协同的各个个体如何进行协作，以及通过协作形成新的空间结构、时间结构或功能结构。系统从无序向有序转化的关键并不在于系统是否处于平衡态，也不在于离平衡态有多远，而在于大量子系统的非线性相互作用。每个人的科研能力是有限的，不可能单独面对一切挑战。参加课题的成员只有把自己置身于课题团队中，才能在竞争中生存，才能在科学研究中极大地发挥自己的创新能力。所以一方面，科研管理者和参加课题组的成员，都应该有高度的协同进行科学研究的意识；另一方面，决策者和科研管理者通过在课题组成员之间、课题组与课题组之间、管理决策部门与课题组之间建立一套科学合理的协同机制，提供各种机会和条件创造一个各子系

统能量释放和协同的环境，充分调动和利用课题组成员的积极性、能动性，通过子系统（课题组、课题组成员）的发展和协同作用来实现科研管理的整体目标。

（二）建立以项目目标为导向的软控制机制

复杂系统的复杂性表现之一就是子系统（或系统内的元素）的非线性聚集和各子系统（元素）间的非线性作用，而复杂系统又具有自适应、自学习的特点，因此对单个的子系统（元素）进行控制变得非常困难。对于科研管理系统这个复杂系统来说，决策者和管理者应在对系统的目标和各子系统动力机制了解的基础上，针对各子系统成员的行为特点、课题的性质和科研要达到的目标，建立以项目目标为导向的软控制机制。这种控制机制可以使各课题组、课题组的各成员能够根据课题的目标要求适时地改变自己的行为和研究方向，充分调动自己进行科研的欲望和创新的积极性，使整个科研系统充满活力和竞争力，并且通过课题组各成员间的相互协同实现科研的整体目标。

（三）建立具有自适应性的动态科研组织结构

这种动态组织结构意味着系统内不同层次上的子系统的行为必须遵循一定的规则，根据环境和接收的信息来调整自身的状态和行为，并且通常有能力来根据各种信息调整规则，产生以前从未有过的新规则。通过系统主体的相对低等的智能行为，系统在整体上显现出更高层次、更加复杂、更加协调的职能有序性。这种动态的管理必须适应迅速变革的科学技术环境，必须从更高的视角来认识科研工作和管理，通过以"动"应"变"来对科研活动进行管理。传统的刚性组织结构容易造成有限资源的配置不合理，导致资源浪费，而动态的组织结构能够根据科学技术的发展和外部环境的变化，及时有效地调整自己的行为。

（四）利用"蝴蝶效应"，培植科研管理的创新机制

自组织系统总是和一定的目的性相联系的。在给定的环境中，系统只有在目的点或目的环上才是稳定的，离开了就不稳定，系统要拖到点或环上才能罢休，这就是系统的自组织。由于科研管理系统内部反馈机制和涨落的存在，科技创新表现出新颖性、创造性和目的性。因此，科研管理系统一方面要充分利用系统的负反馈机制（能够使系统通过自我调节而保持稳定），将科研的整体行为控制在一定的目标轨道上；另一方面又要充分利用课题组内部的创新因素——涨落和正反馈机制，对创新思想、创新行为在各个层面加以培养，给予鼓励与奖励。这就要求管理者敢于打破阻碍科技创新的已存方式和框架结构，在管理理念、管理结构、管理方法和技术等方面不断创新和变革，提高管理水平和创新意识。相反，如果管理系统过分依赖计划和僵化的组织，课题组就会处于混乱、无序状态，无法形成有序结构。混沌是一种能带来新奇、创新、革命和创造奇迹的原型。在混沌理论看来，科研管理系统存在"蝴蝶效应"，即非常小的初始条件变化长期对系统产生非常强烈的影响，这说明混沌现象的发生，往往是新秩序系统产生的契机。因而可以通过诱发混沌，为科研管理建立新的创新机制提供变革的途径。如科研管理可以充分利用管理者和科研人员的"创新偏好""灵机一动""风险态度"，制造"激励机制""政策倾斜"等"蝴蝶效应"来构建科研管理系统的创新机制。

三、高校科研管理的开放性分析

高校的重要职能和根本目标在于知识的创新和观念的创新，以科学研究带动教学是高校保持知识更新的基本方法。科研管理就是通过有效并可操作地配置、分配和控制人力、物力和财力资源的方法，维持一种有创造力的环境，使科研和发展活动能够集中于解决组织的首要问题。高校科研管理应遵

循科研活动开放性的特点和规律，不断提高管理水平和管理能力，促使高校科研活动沿着健康、科学、高效的方向发展。

（一）科研过程管理的开放性

科研过程涉及科研立项、科研项目的执行等内容。由于科研项目管理涉及面较广，影响范围较大，科研人员、科研管理人员和行政主管部门需要共同努力，采取行之有效的措施，切实加强科研项目的过程管理。科研制度贯穿科研管理活动的始终。一套严格规范的科研制度，对科研项目组织实施、质量监督、验收评价的管理尤为重要。只有通过科研项目的课题人负责制、课题研究的招投标竞争机制、激励科技创新机制等，才能最大限度地保证广大科研人员完成项目的主动性和积极性。

（1）科研立项管理的开放性。随着工业化水平的提高，社会对高校科研成果的需求不断增长，高校的科研管理在推进科研人员从事科学研究的同时也势必对其成果转化的社会效益提出要求，使高校的科学研究更贴近社会发展的需求。通过科研管理实现产学研合作，能够促进科技的社会生产力转化，为学校办学和科学研究的发展提供更大的发展空间。科研立项管理要避免"内部人"现象的发生，充分体现科研过程的公平性、公正性、公开性。在进行项目评审时，应组成一个包括多方面人士的评审机构，保证评审过程和评审结果的客观性、公正性和科研项目的必要性、可行性，保证决策的科学性。评审机构的人员构成应避免某一领域或部门出身的专家人士过于集中的现象，应包括知名企业家、工程师、学术界专家、社会名流、政府官员等。

（2）科研项目管理的开放性。科研项目管理是高校科研管理的核心内容和关键环节，搞好科研项目管理，在高校科研管理的整个过程中具有全局性意义。以往对科研项目的管理是静态的、单向的、被动的和一次性的管理，不利于提高科研管理的效率和质量，现代高校科研项目管理应朝着动态、双向、主动和综合管理方向转变。

现代科学技术的迅猛发展、信息社会的合作要求、知识经济时代的融合趋势，使得高校作为一个相对独立的科研实体，也不得不走出封闭独立的尴尬境地，与相关部门进行多方位的合作与交流，充分发挥科研项目的载体和纽带作用。高校科研活动不仅需要高校加强自身与同行垂直部门之间、内部所属部门之间的纵向联系，而且需要加强学校与社会之间的横向联系，以科研项目为中心、以学科专业为依托，广泛建立合作机制，发挥集合优势，统筹协调，实现优势重组，协同攻关，及时沟通信息，建立科研资源与科研人才的学校与社会共享机制，形成开放性的合作新格局。

（二）科研成果管理的开放性

科学研究价值的实现，在很大程度上取决于其成果的转化，以往的管理局限于结题本身，忽略成果评价与成果转化环节，导致科研效益低下。高校科研管理只有通过管理创新和制度创新，才能引导和激励科研人员多出高水平的科研成果。科研管理应由以项目资助为主向以成果奖励为主转变，充分发挥项目评价的激励作用。

（1）实行科研成果评价社会化，加大成果奖励力度。就基础研究而言，目前整体上存在评价体系不合理的情况，没有形成一种公开监督、全面协调、合理有效的评估机制，同时，运用过于定量化的评价体系来衡量考核不确定的基础研究活动也有失公正。高校应运用社会化的手段开展科学研究，建立以课题为载体、以课题组为纽带的研究体制，坚持客观、公正和有利于理论创新的原则，建立统一、滚动的项目库和专家库，同时还应不断完善项目成果的评价和奖励制度，重奖学术精品。

（2）实行科研成果转化市场化，体现项目社会价值。为促进科研成果价值的实现，高校应当延伸科研管理的链条，使管理重心后移，加强对科研成果转化的管理，把成果转化列为深化科研项目管理改革的重要工作，及时向社会公布科研数据、科研成果，设立数据共享平台，真正使科研成果发挥最大社会效益。

（三）科研资源管理的开放性

构建开放的科研资源管理机制，对科研活动的有序、高效开展具有关键性意义。

（1）建立高校人才资源的社会共享机制，促进重大科研项目的联合开发。高校内部院系之间，高校系统与外部单位之间人员的互相配合、协同合作，可以不断为科研活动带来新的思路、新的方法、新的创意，保持科研的活力，促进学术创新，提高整体的科研水平与能力。同时，不同领域之间的科研合作，是提高科研人员积极性和竞争意识的重要手段和管理策略。

（2）建立高校物力资源的社会共享机制，提高科研设备的科研利用率。高校科研活动不应孤立进行，一方面要为社会提供全方位的资源支持服务；另一方面要积极争取和合理利用外部资源，壮大科研实力。目前高校资源利用中的一些常见的不正常现象是"资源私有化"和"服务利益化"，把学校的学科资源、设备资源、空间资源等据为己有或小团体所有，导致大量资源的闲置和浪费，资源利用率低下。鉴于此，为了使科研资源实现科学合理的配置，高校应建立信息和科研设施的基础平台，打破部门、院系、行业之间的界限，提升科研设备的使用率，减少设备的盲目引进、重复购置。高校科研管理要打破学校与外部环境之间相对封闭的局面，形成一个部门资源共享、合理有效使用的开放性的健全机制。

四、高校科研管理的持续性分析

科研管理的质量方针是"精心设计、科学管理、用户至上、持续改进"。所谓持续改进，是指增强满足用户要求能力的循环活动。事物是在不断发展的，都会经历一个由不完善到完善，直至更新的过程，用户对产品或服务的质量水平的要求也在不断地提高。因此，高校应建立一种能适应内、外部环境的变化要求，增强适应能力及竞争力，提升业绩，让相关方满意的机制。这种机制就是持续改进，组织的存在就决定了这种需求和持续改进的存在，因此持续改进是组织的一个永恒目标。

采用各种有效方法不断完善质量管理体系，以此满足高校科研的质量要求，增强竞争能力，使组织得到持续和健康发展的"持续改进"的理念对开展高校科研管理具有重要的意义。

五、高校科研管理的公正性分析

高校科研管理的公正性包含两个方面的要求：一是公平的要求；二是正义的要求。

在强调公平时，需要防止两种倾向：一种倾向是强调人人平均。无论是在高校科研管理方面，还是在人类社会生活的其他方面，一味地强调平均，都有可能导致不公平。另一种倾向是过分看重差别性，使科研立项成为一种"长官意志"。这种情况由于否定了公平的基本方面，当然更无公平可言。要想克服这两种倾向，高校科研管理者需要着眼于教育和社会的大局和未来发展，站在国家和高等教育公正的高度制定高校科研发展的整体规划，然后在这个总体框架内确立科研立项，进行科研监管。

正义不只要求惩治科研腐败，而且要求注重从源头上防止科研腐败，使科研腐败难以滋生，更不可能普遍流行。防止科研腐败是一个十分复杂的难题，但并不是不可防止，至少可以防止它像瘟疫一样在社会中普遍传播。这里有三个方面的问题需要考虑：首先要减少以至消灭发生腐败的可能，这就是所谓"源头上治腐"；其次是使腐败成为"过街老鼠"，人人喊打且无藏身之地；最后是一旦发现就给予有力的惩治，使搞腐败者不仅无利可图，而且付出惨痛的代价。

正确认识和处理高校科研管理的公正性问题，从而实现高校科研资源的公平正义分配，是一个十分重要的现实问题。

首先，科研资源分配公正性问题实质上是高校科研资源配置的问题，事关高校科研管理科学性、合理性。这种分配是否公正，是高校科研资源配置是否科学合理的前提条件，而高校科研资源配置是否科学合理又直接关系到高校科研领域的公正问题。如果高校科研课题因人立项而不是因科研需要立项、科研奖励不讲学术质量和学术创新而主要考虑照顾各种关系、通过请客送礼可以获准设立重点学科或科研基地，就不会有科研资源的合理配置，就不会有真正科学合理的科研管理。从这个意义上说，高校科研管理的公正性是高校科研管理的生命。

其次，科研资源分配的公正性问题是高校十分敏感的问题，事关高校教师的科研积极性和学术风气。高校科研资源分配不公正必然导致高校科研领域的不公正。如果不通过埋头从事科学研究增强学术实力，而通过各种不正当的门路获得科研资源，高校的教师就可能不把心思放在研究科研工作和增加实力上而是成天琢磨歪门邪道。当一些教师找不到或不愿意走歪门邪道时，他们就可能因为不能获得科研资源而抱怨，并因此而消极地对待科研工作。在这种情况下，高校的学术风气就会败坏，高校教师也不会用心去从事科学研究。

最后，高校科研资源分配公正性问题还是对社会产生重大影响的问题，事关高校的形象、声誉和社会公正。当一些不学无术的教师通过不正当途径获得各种科研资源并将这些资源转化成个人的财产（如用科研经费购买汽车等）时，高校在社会公众心中的形象和声誉就会受到损害。不仅如此，社会公众还会因此而抱怨政府分配不公，从而影响到政府的威信。高校不仅是社会的一部分，而且是社会精神文明的重要窗口，具有重要的示范作用和辐射作用。高校科研资源分配的公正性会直接影响社会的公正性，而且当作为人类灵魂工程师的教师都可以通过不正当途径获取社会资源时，社会公众就有可能效仿，从而对社会风气产生很大的消极影响。

第二节　高校科研管理创新

在知识经济时代，高校科研管理体制改革的重点就是改革旧的封闭式的管理模式，建立起开放式的科研管理体制。要创新科研管理模式，使高校的科研工作充满活力并实现可持续发展，就必须采取"依据社会需要选题、结合社会需要开发创新、组织成果鉴定、鼓励申请专利、促进成果向生产力的转化"这一新的管理模式，对科研工作进行全方位的创新管理。

一、高校科研管理创新的意义

第一，高校科研管理创新是通过管理体制创新促进高校科技创新与市场机制相结合的客观需要。当前，高校科研管理观念还没有完全摆脱传统经济观念的影响，面对知识经济的挑战，科研人员不能有效接收市场信息并及时做出反应，不能主动地用知识去寻找市场。究其原因，科研人员自身科技成果转化意识淡薄是一个方面，另一个更为重要的方面是高校科研管理部门缺乏科研管理创新意识，在引导科研人员研究立项、进行项目的市场分析，以及为他们提供社会信息等方面所做的工作十分有限。

第二，高校科研管理创新是高校内、外部知识管理的主观要求。所谓高校内、外部知识管理，是指高校管理者通过对高校内部和外部知识的管理和利用，包括对知识的识别、获取、分解、储存、传递、共享、价值评判和保护，以及知识的资本化和产品化，达到提高创造价值的能力这一目的的手段和过程。从高校的基本目标和管理的基本职能出发，高校科研管理从管理内涵上来说属于知识管理的范畴，不仅涉及组织内部的知识管理，还涉及组织外部与组织自身各项活动有关的知识管理，其内容十分庞杂，大致可包括：推动新知识的创新和生产；支持从外部获取知识，并提高消化吸收知识的能力；确保所有教职员工都能知道知识在哪里，以便在需要的时间和需要的地方获得。高校科研管理人员应当顺应知识管理的内在要求，利用组织内、外部知识改善高校的教学科研活动和管理，检测和评估知识资产的价值，同时设计一种有效的制度，使知识与知识、知识与个人、知识与组织联系起来，从而进行大量的知识创新。

第三，高校科研管理创新是高校科研管理职能的根本体现。高校聚集着我国社会科学和自然科学以及各个学科领域的大多数人才，他们在发展地方经济、促进社会进步方面起着十分重要的作用，是推动我国科学技术发展的重要力量。科学研究活动不仅需要大批的科学研究人员，还必须有相应的实验装备、科研经费及辅助人员、大量的科技情报等。只有通过有计划、有组织的科研管理，才能实现整个科研系统的最佳配合和运转，以尽可能小的代价为社会输出最佳的科研成果。

第四，高校科研管理创新是贯彻落实科教兴国战略和人才强国战略的切实保障。高校科研管理机构直接面对科研经费的分配、科研活动的组织和监督，以及科研成果转化的具体过程，对科研成果的预测、产生及转化意义重大，必须摒弃靠国家拨款来支撑生存发展的旧观念，根据时代发展的要求，保持与时俱进的活力，进行观念和手段上的创新，确保科研成果符合国家和社会发展的需要，激发科研人员的创新热情，最终实现国家和民族的强盛。

二、高校科研管理创新的主要措施

高校科研管理创新主要包括科研管理创新理念的建立和创新管理手段的实施。

（一）理念先行——树立高校科研管理的创新理念

要树立高校科研管理的创新理念，就要抓住知识产权这个核心，并以其成果转化为重要目标。知识产权是智力劳动者对其在科学、技术、文化领域内所取得的创造性劳动成果依法享有的一种权利。高等学校作为知识密集、人才荟萃的重要场所，根据国际惯例，其理应拥有大量高质量的知识产权，其中最主要的是专利权和著作权两种。科研管理部门要加强知识产权保护意识，成立专门的知识产权管理机构，培养科研人员的权利意识，指导他们如何去获取和保护权利，从而达到以人为本、尊重知识、尊重人才的目的，形成一种新的机制和氛围，使科研人员的创造力和科研创新能力得以最大限度的发挥。高校科研管理制度创新应体现在加强技术创新、加速科技成果转化和新技术产业化管理上，使智力、技术和管理要素参与分配，充分调动科研人员从事科技成果转化和高科技产业化的积极性，实现知识产权的社会效益和经济效益，充分体现智力劳动的价值和贡献。

（二）管理手段完善——全力实施创新管理手段

实施创新管理手段包括以下几个方面：

第一，建立适应知识经济时代的高校科研管理队伍。一是建立学习型组织，完善高校科研管理队伍的知识结构；二是重新调配，引入具有现代先进管理理念和文理交叉知识结构的高素质管理人员。

第二，建立智囊化管理机构，减少传统垂直管理组织体制的中间层次，使基层的业务人员具有充分的决策权、信息处理权，能够自主地进行横向协调，自由共享知识和信息；高层决策者则重点关注科研组织的战略性管理决策，沟通各个横向的科研部门和组织，实现科研资源的有效配置。

第三，建立市场化管理模式，引导和组织高校内部的应用型科研机构成为市场的主体，要能够在高校应用型科研机构与企业之间建立常规的有机联系，既为技术找市场，又为市场找技术，实现"产、学、研"的有机结合，促进高校科研成果的产业化。

第四，建立科研项目课题制管理模式，研究队伍由固定人员和流动人员组成，课题负责人以固定人员为主，流动人员由课题负责人根据研究工作的需要和争取到课题的实际情况自主聘任，受聘人员的相关费用由课题组负担。

第五，创建培育创新人才的培养模式。高校科研管理队伍应根据本院校的实际情况，有针对性地实施科研人才培养计划，构建定位明确、层次清晰、衔接紧密、促进优秀人才可持续发展的人才培养模式。以站在学术前沿的学科带头人为龙头，以具有突出创新能力和发展潜力的青年学术带头人为主体，以广大青年骨干教师为基础和后备力量，支持他们承担不同的科研任务，并在同一科研项目组中进行搭配组合，建设具有自我发展、自我提高能力的科研队伍。这种人才培养模式还有助于打破高等教育与科学研究分离的局面，将最新的科学研究信息传达到教学第一线，反过来又将教学第一线的实践作为科学研究素材，从而实现科学研究与教学第一线的有机结合，推动高校师资水平的提高和高等教育的发展。

第六，创建体现知识价值的分配制度。知识经济的关键就是要体现知识的价值，因此要吸引和留住高层次人才，就必须创建充分体现知识劳动价值的制度，让知识分子的贡献与其工作条件和待遇相符合。具体采取以下措施：一方面，把科研成果和技术投入作为参与收益分配的要素，使有所作为、有突出贡献的科研人才能够通过自己的科研活动较大幅度地增加收入，从而提高其政治和经济地位；另一方面，树立科学家的独特的社会形象，并发挥其典型示范作用，带动整个科研队伍的成长。对于开展基础研究的科研人员，要提高他们的工资福利待遇，让他们集中精力，潜心钻研，追求科研质量，不急功近利，不急于求成。

第七，创建人才、资金的合理投入机制。在知识经济时代，人才与资金的作用一样重要。一方面，要重视对人才的投入。创新来源于人的智力活动，高校科研管理要适应知识经济的要求，强调以人为本。对于敢于创新的人才，要彻底打破论资排辈、求全责备的传统思想，真正做到不拘一格选择任用创新人才，使他们的积极性和创造性得以充分发挥。另一方面，建立适应知识经济时代科技创新研究的资金投入机制。由于基础研究转化为生产力的周期较长，基础研究需要来自国家和高校研发经费的支持。在高校内部研发经费的投入上必须重视对基础研究的投入，否则将导致基础研究不足，原始创新能力薄弱，高校科技发展后继乏力。因此，对于基础科学和公益性研究，应实现政府投入；而对于应用技术研究，则主要依靠高校和企业来进行。在资金的使用上，要将课题研究的人力成本纳入预算体系，允许在课题经费中支出部分人员的工资和奖金，让流动研究人员以及博士后、研究生等重要科研力量从课题研究中得到合理的报酬。只有这样，高校科研的有限资金才能用在刀刃上，才能激发研究人员的积极性，实现资金投入的良性循环，使有限的投入通过研究成果的市场运作创造出更多的资金，实现高校科研的快速发展。

第八，创建项目管理模式。要重视知识产权的创造和管理，通过对科研项目从申请立项、进行研究到成果产生及转化的全过程，实施知识产权跟踪管理，完成对知识产权创造过程的管理。在审查立项时确定该项目预期实现的知识产权具体目标是否切实可行，是否真正具有理论上的开创意义或应用上的经济意义。在项目研究过程中，尤其是应用型项目，随时审查其阶段性成果，看是否需要及时申请专利保护，暂不需要申请专利的，看是否要作为技术秘密予以保护。研究人员要发表相关论文的，要确定不涉及科研专利技术的提前泄露。在项目成果产生后，首先确定其是否达到了预定的知识产权目标，其次看成果的创新水平，最后根据项目的目的和成果的性质决定成果的保护和应用方式。在我国，作品一旦产生即受《中华人民共和国著作权法》保护，并无登记或审查方面的要求，而要得到专利保护则必须向国家知识产权局提出申请并被批准。因此，应当及时为科研成果申请专利，准确评估该成果的价值，积极推动应用型成果作为技术资本进入市场，确保项目投资人的投资得到满意的回报，以及科研成果能够应用于社会经济和技术的发展。在促使科研成果商业化运作的同时，不能一味追求商业利益，还要坚持高校的教学、科研和服务宗旨，要在科研成果商业化与高校所承担的知识传授与传播义务之间寻求平衡点。

第四章　高校科研管理组织结构

我国高校的科技创新和科研成果转化与国家需求和国际先进水平仍然存在一定差距。而且，从 20 世纪下半叶开始，科学研究的发展进入了学科的系统综合时期。跨学科研究开始出现，即科学研究规模扩大，学科探索领域交叉，学科研究成果相互渗透。跨学科研究要求打破原有知识体系的僵化分割，为新学科的成长和知识的应用提供交会点。根据组织结构原理，组织功能的发展必然要求组织结构发生适应性变革。中华人民共和国成立以来所形成的传统的科研管理组织结构已经不能适应知识经济时代的要求。调整高等学校科研管理组织自身的结构，实现科研资源的优化配置，形成合理的科研布局，构建良好的组织创新环境，建立充满活力的运行机制，提升科研创新实力，成为高校科研改革的新任务。

高校作为创新体系的重要组成部分，是我国科研成果的重要生产地以及企业技术创新的主要合作者，承担着科学发现、知识生产、技术创新和知识传播的任务，在经济发展和社会进步中发挥着不可替代的作用。高校在科学研究方面有着巨大的优势，占有全国 1/3 以上的科研成果份额，但是转化率不高。因此，大力提高我国高校科研成果转化的能力，为构建创新型国家、增强综合国力提供强大的科技支撑，已成为时代发展的需要。

第一节　高校科研管理组织结构现状

高校科研管理组织结构的研究处于高校组织结构和科研管理研究的系统之下，其理论基础是组织结构理论和高等教育理论。

一、高校科研管理组织结构分析

组织结构理论运用于高校组织的研究始于 20 世纪 60 年代，虽然时间不长，但在组织结构要素、组织结构要素之间的关系、组织结构类型方面都取得了一定的进展。

美国学者伯顿·克拉克（Burton R. Clark）在其名著《高等教育系统》一书中，运用组织结构理论对高等教育进行了分析。他提出按学科和按学院划分教学单位的看法，还分析了高校的纵向机构与横向机构设置问题。他指出，简单的结构难以适应变化的要求，而复杂的结构能适应变化，随着面临的环境日益复杂，高校将采用多维的单位划分和组成方法。

辛西亚·哈代（Chnthin Hardy）以巴西大学为例，从该高校历史的各个阶段的特点分析入手，探究了高校结构与高校决策、高校结构与不同阶段特点适应的问题，剖析了其组织结构变化。通过分析比较职能科层和矩阵结构作用，他指出后者服务于创新，前者有利于完善，而高校战略与组织结构的适应是至关重要的。

国外许多学者对高校组织结构设计的要素、要素之间的关系都进行了研究，有的研究相当深入，并取得了很多成果。然而分析后也能发现，高校组织结构的研究并不系统，没有一本专著研究这一问题，讨论都是散见于其他著作之中。换句话说，系统地运用组织结构理论研究高校组织结构尚属空白。

在国内学术界，有关高校组织结构的研究处于初级阶段，有关这方面的研究散落于各种著作之中。

吴志功所著的《现代大学组织结构设计》一书，是国内第一本关于高校组织结构方面的专著。他在这本书中详细地介绍了国外各种组织结构理论，分析了组织结构设计的诸多要素，研究了组织结构理论如何应用于高校的组织结构设计，以美国、日本等国几所新型大学的组织结构作为案例，提出了确定高校组织结构设计的若干原则。宣勇的《大学组织结构研究》一书，探究了高校组织的构架与要素，并提出不同类型高校组织结构动态选择的对策建议。此外，王润主编的《高等学校管理》、陈孝斌主编的《教育管理学》、侯德彭主编的《现代大学管理原理》、薛天祥主编的《高等教育管理学》等著作在不同程度上对高校组织结构问题进行了阐述。刘永武、张兴的《组织结构理论的发展与大学组织结构的调整》一文提出了组织结构的调整模式，即依据大学的规模和发展战略调整组织结构，根据开放性原则设置连接装置，依据灵活性原则组织科研机构和工作团队，依据民主性原则实行委员会制。陈士衡的《试论大学机构设置的矩阵结构化》和邹晓东、段丹的《基于矩阵理论的高校学科组织结构创新》两篇论文从组织结构理论出发研究高校组织结构。这些研究都指出高校管理模式已经不能适应社会的发展，迫切需要变革与创新，而矩阵组织结构无疑能够更好地取代以往单一的直线职能制结构，促进我国高校学科的建设与发展。

从国内目前的情况来看，关于高校组织结构的研究是随着高校管理体制改革的过程提出的，尤其是许多高校由于联合、合并、发展战略变化等，需要从理论和实践上探索高校组织结构如何适应时代发展的要求。

二、高校科研管理组织结构一般性框架分析

薛天祥教授定义高校科研管理为："按照科学技术和高等教育发展规律和管理学原理，为实现既定目标，通过科研过程的各个环节对高校科研活动中

的人、财、物、时间、信息和效果进行计划、组织、控制、总结，是科研项目达到最佳完成度的一种组织活动。"科研管理担负着维持一种有创造力的环境，使科研和发展活动能集中于解决组织的首要问题，推进科技创新、经济发展的使命。

人们常用"三分科研，七分管理"来比喻管理工作在科研事业中的作用，这是不无道理的。因为没有科研管理，没有一个健全的充分发挥功效的科研管理组织，科研就难以开展，科研成果也就不会令人满意。高校科研管理组织结构，主要是指学校科研管理组织内部各研究单元的设置及联结方式。

组织结构的本质是组织成员之间的分工协作关系。构建组织结构的目的是更有效和更合理地把组织成员组织起来，即把一个个组织成员的力量凝聚起来，形成合力，为实现组织的目标而共同努力。组织结构理论认为，组织结构决定组织的功能，功能是结构的表现，只有组织的结构合理，组织的功能才能得到完全发挥，我们才可以说组织达到了其最佳的效能。科研管理的组织结构影响到科研管理组织效能的发挥，从而影响到科研创新。科研管理组织结构合理与否，决定了科研效率的高低。组织结构合理，能够使科研组织处于最佳运行状态，从而增强科研组织的实际科研能力。如果组织结构不合理，那么即使是最优秀的人才结合在一起，也不一定发挥出最佳整体效益，也不一定在竞争中取胜。随着信息技术和全球化的飞速发展，以及知识经济时代的到来，面对信息的指数级增长、科技创新的迫切要求，高校科研管理部门的主要职责在于加强科研管理创新，从组织体制上保护和鼓励高校的科技创新。高校要通过科研管理组织结构的创新，充分发挥科研人才、学科等多方面优势，使科学研究成为知识经济时代快速稳步发展的动力源。

西蒙（Herbent Simon）曾经说过："有效地开发社会资源的第一个条件是有效的组织结构""为了使人们能为实现目标而有效地工作，就必须设计和维持一种职务结构，这就是组织管理职能的目的"。要保证组织的高效率运行，必然要求设计的组织结构合理。并且，随着组织活动内容的复杂和参与活动的人员数量的增加，组织结构的重要性是不断提高的。每个组织因战略、环境、成员及技术等各个因素的不同而具有不同的组织结构形式，组织的规模及其所处的阶段不同，也需要与之相应的结构形式。

第二节　高校科研管理传统组织结构

我国高校现行科研管理组织结构是在长期的管理实践中逐步形成的。目前，大多数高校的科研管理组织结构主要采用的是直线职能制。

一、直线职能制高校科研管理组织结构分析

20 世纪 50 年代，我国全面学习苏联模式，我国高等学校院系进行了大规模的调整改革，取消了中华人民共和国成立前旧大学普遍设立的学院，设立了若干苏联特色的教学研究室，由此作为"教学的基本组织"，形成了持久稳定的"校-系-专业教研室"的组织结构模式。直到 20 世纪 80 年代中期，随着经济体制的改革，国家经济建设需要大量的专业技术人员，高校培养的人才知识面狭窄的缺陷日益显现出来，制约了我国高等教育与经济的发展。因此，我国高校普遍进行了学院制改革。学院制改革中权力的配置以纵向权力的调整为主，管理权部分下放，并力争加强学科间的联合，培养知识面宽、适应能力强、有创新能力的复合型人才。

随着学校办学自主权的扩大和科学研究比重的增加，我国高校相继出现了教研室（组）改造、创建研究所（室）等一系列举措。目前，我国高校的科研管理组织结构大体上出现了以下几种具体形式：校-院/系-研究所（室），校-院/系-专业，校-院-系，校-系/系级研究所-研究室，校-院-系-专业教研

室，校-院/系/研究所-研究室/专业教研室等。

在保持直线的统一指挥的前提下，高校又设立了承担具体管理职能的部门。可以看出，这些组织结构理论上属于金字塔式组织结构，是一种直线职能制的组织结构。直线职能制是一种以直线制结构为基础，在党委领导下的校长负责，下设相应的职能部门，实行校长统一指挥与职能部门的参谋、指导相结合的组织结构形式。校长对各级科研管理部门均实行垂直式领导，各级直线管理人员在职权范围内对直接下属有指挥和命令权力，并对此承担全部责任。职能管理部门没有直接指挥权，其职责是向上级提供信息和建议。

有些高校对科研管理组织结构虽进行了尝试，对一些短期的、技术简单的、参与人员少的科研任务实行课题负责制等，并取得了一定的效果，但毕竟是局部的，没有形成整体框架，配套管理跟不上，往往流于形式。在传统的科研管理组织结构中，课题责任人的自主性较弱，受到的行政干预较多，积极性与创造性无法得到充分发挥。同时，各种科研资源难以打破单位界限、部门界限和所有制界限，不利于人才流动机制的建立。高校的学术研究需要给予高校教师一个自由宽松、充分授权的工作环境，只有扁平化的组织，才有利于信息的沟通、团队的建立、工作的创新。总之，直线职能制的组织结构存在一些问题，需要调整和变革。

二、直线职能制高校科研管理组织结构的弊端分析

单一化的纵向管理模式固然具有传递命令方便快捷的特点，但随着知识经济时代的到来，这种模式使得高校不能适应外界社会迅速变化的需要而及时改变或调整科研的内容和方向，或者说对变化的反应不敏捷。各个学院、院系行政界限分明、壁垒森严，不仅阻碍了不同领域学者学术上的交流，减缓了知识的发展速度，也不利于科研基础性资源的共享，造成资源配置的不合理。实践表明，在高校的科研管理活动中，采用单一的直线职能制的组织

结构进行科研管理，容易产生以下问题：

（一）体制缺乏必要的灵活性

层次过多影响了信息传递的效率。知识和信息逐层从一个部门流向另一个部门，知识和信息只掌握在少数人手中，信息和决策在金字塔的底层与顶层之间来回流动。由于不同形式的科研活动，在人员组成、工作思路、运作方式等方面往往存在较大的差异，因此需要不断地开阔思路、开拓创新，以适应千变万化的发展趋势。这种组织结构对外界的变化反应不敏捷，不能适应外界迅速变化的需要，不能知识共享，不能很好地在科研机构之间、科研机构与外界之间建立广泛的联系。

（二）科研产出效率不高，知识创新不足

进入 21 世纪以来，国家对科学技术的投入，不管是科研经费的绝对值，还是科研经费在国内生产总值中的比例，均呈持续增长的态势，但与之相对应的科研机构的产出比例比较低，高校科研经费的使用状况并不容乐观。造成科研经费使用效益低下的主要原因是在直线职能制的组织结构中，机构重叠、队伍臃肿、人浮于事、效率低下。因此，改革已经不能适应高校科研发展需要的科研管理组织结构是提高知识创新效率的关键所在。

当今的时代是综合的时代。科学发展的历史表明，科学上的重大突破、新学科的产生经常是在不同学科的交叉渗透中形成的。麻省理工学院教授诺伯特·维纳（Norbert Wiener）曾指出：科学研究的突破点在学科之间的"无人区"。而层次过多，说明管理幅度过小，不利于学科间的横向交流和交叉渗透，容易形成"隧道视野"，妨碍各学科的相互渗透和新知识的产生，不利于产生新的科研生长点，与当前进行的改革相背离，不符合时代的要求。

（三）高素质创新人才培养受到影响

直线职能制的科研管理组织结构，无论是哪种具体形式，在基层都是按学科划分和设置的。在这种组织结构下培养出来的学生往往只具备一定的专业知识，其他领域的知识和技能相对比较薄弱。而当今社会需要的是一专多能的人才，高校作为人才培养的基地，要输出社会需要的人才，就必须加强跨学科教育，而组织跨学科科研不仅有益于科研创新，更可以培养符合时代需要的创新人才。

高等学校中主要有两种权力——行政权力和学术权力。行政权力是指学校行政机构和人员为实现组织目标，运用有效的管理方法，依据一定的规章对学校工作的计划、组织、指挥、协调和控制。学术权力指的是学术人员和学术组织所拥有和控制的权力。学术权力的主体是学术人员和学术组织，高校的学术人员包括拥有学术头衔的人，诸如教授、副教授、讲师等，高校的学术组织包括决定学术事务的组织，诸如学术委员会、教授委员会等。学术委员会是校长或有关副校长领导和主持下的学术评议机构。

由于长期受直线职能制组织结构的影响，我国部分高校往往以行政权力为中心，学术权力在很大程度上由行政权力代替。

高校学术委员会理应拥有广泛的学术权力，在高校学术决策、管理中发挥重要作用。但是，实际上重要学术事务的决策主要通过校长、校长办公会议或校党委常委会议直接讨论决定。许多高校的学术委员会还没有建立起正常的活动程序和作用机制，参与决策的范围、程度都不清晰，平时被放在一边，在高校学术管理中起着微弱的咨询和参谋作用，缺少实质性的对学术事务决策的权力。在学位评定、职称评审中，许多教师代表往往只能在行政部门制定的原则下发挥有限的作用，这严重抑制了教师作为高校科研主体力量的创造性和积极性，从而对高素质创新人才的培养产生了消极影响。

事实上，高校的学术事务应该由专家进行管理。针对我国目前高等学校权力构架里面学术权力与行政权力不平衡、不协调的实际情况，通过组织制度确立学术组织的权力地位，树立其应有的权威，提高学术权力对科研创新的应有推动作用，应该是在科研管理组织结构设计中必须考虑的。

第三节　高校科研管理现实组织结构

高校的科研管理组织要发挥其功能，不断促进科研创新，取得良好的效益，就必须遵循和依据组织结构理论来进行组织结构设计。高校科研管理组织结构的变化不仅要顺应时代发展和外部环境的变化，而且要依据学校自身的特点，具体问题具体分析，只有这样才能使组织有效地运转。

一、矩阵制高校科研管理组织结构的现实选择

随着信息化和知识经济时代的到来，经济的知识化、信息化、网络化、虚拟化、中空化以及全球化为创新管理提供了良好的基础，新型的管理模式已经形成，对高校科研管理的组织适应能力提出了很高的要求，同时也为有效的组织结构实施提供了技术保障。现代组织的设计要求遵循柔性原则，这是相对于传统金字塔式的刚性结构提出来的。所谓组织的柔性，是指组织的各部门和人员都可以根据组织内外环境的变化而进行灵活调整，组织的结构保持一定的柔性可以减少组织变革所造成的冲击和震荡。注重研究的高校以知识创新为己任的特点，决定了高校科研管理组织结构应该比较柔性化，应该为知识创新的组织单元提供自由和宽松的研究环境和条件，提供有利于消除行政组织壁垒的跨部门、跨学科的学术研究。这就意味着应当构建矩阵制高校科研管理组织结构。

二、矩阵制高校科研管理组织结构的主要特征

美国加州理工学院天体物理学系 F·茨维基（F. Zwicky）教授发明了一种通过建立系统结构来解决问题的创新方法，名为"矩阵管理法"，后来被推广为激励创新的一种管理方法。所谓矩阵管理法，就是为了某一工作目标把同一领域内具有相当水平的创新元素组成一个纵横交错的矩阵，通过管理使矩阵元素及行列按一定的数学规律变换，从而创造条件，激励创新。

高校科研管理组织结构模式可以借鉴这种矩阵管理法，根据研究的需要自由组合研究人员，以学校科研管理部门为协调的枢纽，提供研究的财力、设备等，满足研究的条件；横向以课题为中心，纵向以各院、系、所有相关研究人员为元素，为课题的解决而组成跨学科的研究小组或攻关小组，实现跨学科、跨院系、跨领域的研究结合，充分利用网络技术，在学科的交叉点上，实现科学研究的创新。

在问题导向下，为解决特定的问题，会产生特定的课题组。课题组是矩阵制科研管理组织结构的基本单元，其成员同时接受来自学院与项目（问题）两个方面的领导。成员可能来自某一个学院或者研究室，也可能来自多个不同的院系或者研究室，甚至来自校外，可能来自别的高校，也可能来自社会上的研究院、所。他们既要同各院系及职能部门保持组织及业务上的联系，又要进行与该项目、课题有关的工作或部分工作，完成项目负责人分配的任务。从行政隶属关系上来说，课题组成员直接受院系负责人的领导，承担教学、科研工作，在体制编制上直接归属于该院系，其工资、奖金、晋升、职称方面由学院管理。从项目管理体系上看，课题组负责人对课题组成员在项目上的成长与发展直接负责，负责整个项目（课题）的进度和质量，并要经常对成员进行业务上的领导；成员在课题组中不仅可以获得科研经费，结识更多的研究伙伴，更可以提升自己的学术科研能力。

三、矩阵制高校科研管理组织结构的优势

矩阵制结构不仅有利于知识的创新、人才的培养，而且有利于学科的交叉渗透及与外部的交流，保证了科研管理职能的发挥，应成为以研究为主的高校组织结构变革中可选择的组织结构形式。因为相比传统的科研管理的直线职能制组织结构，它确实拥有很多的优势。

（1）有利于提高科研效率。传统科研管理的直线职能制组织结构的信息与决策的传输路线长、环节多、速度慢，对环境反应迟钝。矩阵制结构采用的是分权管理，减少了中间层次，缩短了信息通道，加快了决策速度。把完成同一任务所需的有关人员集中在一个课题组里，利用信息的横向交流，使信息利用更及时、更充分，便于及时讨论与决策，并能根据市场变化及时调整研究方向。课题组可以在最短的时间内调配人才，组成团队，集中不同职能的人才，解决复杂的高难度问题。

（2）有利于促进科研创新。矩阵制结构在创新过程中不断吐故纳新，淘汰失去创新活力的元素，吸收新发现的创新元素。被淘汰元素恢复创新活力后可再被吸入矩阵，从而产生比矩阵中原有创新更高级的创新。把矩阵中纵横交错排列的元素用信息技术网络连接起来，每个元素都是网络中的一个信息节点，其中最为活跃、创新能力最强的一个或几个节点就成为创新节点，创新目标最有可能在创新节点上实现。

（3）有利于合理高效地配置科研资源。采用矩阵制结构，能够集成组织内部不同部门之间的知识和技能，可根据完成某一特定任务的要求，把具有各种专长的人员调集在一起，充分利用人力与物力，做到集思广益、各展其能，避免了科研资源的浪费。矩阵制结构通过课题组的形式，使各个学科、院系的资源能够共享，从而节约了建设资金。

（4）有利于各学院之间的交流与协作。矩阵制结构通过具有横向报告关系的管理系统，把各院系有关的研究人员联系起来，便于沟通信息、交换意

见；各学院之间的边界变得模糊，减少了行政权力对不同学科领域交流的行政阻隔，使得学术流活跃，行政流畅通；同时，有关的研究人员参加了项目小组以后，承担着共同的任务和目标，整体观念得到了增强。这些显然能够促进院系之间的协作。

（5）有利于复合型创新人才的培养。长期固定在一个学院里，身边接触到的都是同一学术领域的人员，不利于开阔眼界和发明创新。在矩阵制组织结构中，通过课题组的形式，科研人员能够与不同学科领域的人进行学术上的交流，能够接触到更多的知识和技能，可以实现专业互补，扬长避短，这有利于培养具有综合才能的复合型创新人才。

四、矩阵制高校科研管理组织结构的局限性和优化措施

我们在看到矩阵制组织结构在高校科研机构中有着很强的发展潜力、表现出多方面的优越性的同时，还应看到它的局限性。

（1）组织的临时性产生注重局部利益与责任不清的问题。有时课题组或项目组等新组织的运作与科研机构长远发展战略不一致，过分注意小团体利益。在责任承担方面，人员受双重领导，有时不易分清责任，动力不足，影响了组织的效率。习惯于在本学科领域进行教学及科研工作的人员一旦进入新的环境，可能对不同学科领域之间的交流与合作不适应，从而在短期内不能高效率地开展工作。

（2）成员的角色冲突。课题组成员同时是某个院系、学科的成员，有的成员还是行政职能部门的成员。当每个角色都要求成员分担责任、奉献忠诚时，角色冲突就会产生。

矩阵制科研管理组织结构的局限性更多是在执行过程中产生的，有效突

破其局限性是在科研机构运用矩阵制科研管理组织结构取得效益的关键。在实际应用中应结合科研组织的特点，加强管理，充分发挥矩阵制科研管理组织结构的优势。具体来说，优化矩阵制科研管理组织结构的措施包括以下几个方面：

（1）充分运用信息技术加强信息共享和沟通。充分利用高校科研技术领先和设备先进的优势，运用信息技术提高沟通的效率。传统技术无法处理的指数级增长的信息量和复杂的人际关系等问题，在计算机强大的信息处理能力面前都能够迎刃而解。建立一个完善的信息管理系统，并将其作为成员之间、上下级之间高效率沟通的平台，能够实现政策和信息共享，并实现"跨越时空界限"的交流。

充分运用互联网的巨大作用，加强信息的传输，利用电子邮件、视频会议等在同一时间将信息在整个组织范围中扩散。同时，可以采取制度性或结构性措施来保证沟通的有效性，如召开定期沟通例会或设立一个负责协调的岗位，如专业的监督委员会、特别小组等，解决跨部门沟通问题。

（2）注意配备好矩阵两个方向的负责人。合理选择行政负责人与课题组负责人是矩阵制科研管理组织结构和谐运作的重要保障。一般说来，行政负责人要有较强的组织能力和协调能力，也要具有较丰富的专业知识。这种人才还要善于共事合作，能处理好同各方面（各职能部门、各学科组）的关系。课题组负责人一般应是在学术方面有较深造诣的学科带头人，拥有个人的人格魅力和学术权威。

（3）利益引导，交流思想，通过共同的团队文化提升凝聚力。要在团队内部形成一种互相交流、互相合作、协作共进的氛围，使不同学科领域的知识在矩阵制科研管理组织结构内部融会贯通，促进学术交流与创新；另外，在处理不同利益之间的再分配问题时，高校可以通过制度化的形式让研究人员和技术人员的利益得到保障，如加强知识产权的保护，承认科研人员的贡献和努力。对于创造出重大科研成果的个人，有的高校及时给予奖励，有效地调动了科研人员的积极性。

五、矩阵制高校科研管理组织结构的主要形式：科研团队

　　课题组是矩阵制科研管理组织结构的基本单元。为了避免课题组在实际操作中出现非正式组织结构的缺点，变成一种沙龙性质的组织形式，就需要建设高校科研团队，从而保证科学研究具有一定的稳定性。跨学科研究已经成为科研活动的一个新方向，不同学科的交叉渗透已经成为现代科研活动的一个显著特点。只有众多不同背景的科研人员相互配合，形成一个团队，围绕某一个重大前沿问题进行有效合作，才能更好地实现既定目标。

　　所谓科研团队，是指以共同的科研目标为基础，通过某种独特的方式结合在一起的从事科学研究的群体。科研团队具有如下特征：以共同的活动为基础，团队成员之间相互联系、相互协作；团队成员有着共同的行为规范，其行为规范反映团队成员共同的价值目标；具有一定的组织性，团队成员在团队中有着一定的地位，各自扮演着不可替代的角色，其中最重要的成员是团队带头人，他们是带领团队实现科研目标的关键成员。科研团队非常强调团队的特征。在开展大型的项目或开发全新的产品线时，设立跨职能的团队是一种常用的办法。

　　由此看来，科研团队又同一般的课题组存在明显的不同之处。科研团队是相对固定的。科研团队通常存在一个核心小组，当科研团队因某个科研项目完成而解体后，此核心小组依旧存在，但这个核心小组本身并不是科研团队，在组建新的科研团队之前，核心小组的主要任务是寻找科研项目并申请科研项目立项，当申请的科研项目立项成功之后，核心小组将着手邀请外围人员组成科研团队。而课题组不存在核心小组，当科研项目完成之后，课题组就宣告解散。科研团队是一个相对独立的科研实体，为保证其正常运作，实现团队的科研目标，需要建立科学的团队管理机制，以保证整个矩阵制科

研管理组织结构的协调发展。

第四节　高校科研管理未来组织结构

知识经济时代的呼唤、网络浪潮的冲击，推动着管理范式的变革。目前管理范式正向着重人力资本、重知识创新的知识管理转变。面对新的动态竞争环境，组织结构的灵活性显得尤为重要。扁平化、松散化、虚拟化是组织结构变化发展的必然趋势，高校科研管理必将面临虚拟时代管理范式的挑战。

一、虚拟高校科研管理组织结构的特征

在信息技术高速发展、经济全球化和竞争国际化不可逆转的形势下，面对市场信息的多变性、需求的复杂性、学科的交叉性、技术的综合性和资源的有限性，各高校充分认识到仅靠自身的力量无法满足技术交叉融合发展的需要，难以维持原有的竞争力。于是，联合研究开发成为一股不可阻挡的潮流。在信息化、网络化的背景下，虚拟研发作为各高校有效借助外部力量和资源的创新模式，已经越来越广泛地被应用到高校的创新活动中去。

（1）网络化、虚拟化。在未来高校特别是研究型高校中，网状的结构更加适应科研创新的要求。网状科研管理组织结构的节点是各研究小组、工作站、课题组、项目计划团队等，各节点之间的关系是平等的、非刚性的。以校内高水平的、具有辐射力的学术组织为核心，利用发达的计算机网络通信，与社会进行人员、信息的输入与输出联系，与其他的单位共同组成科研项目组，或者合办学院、科技中心等，从而在校内外建立起纵横交错的科研网络，

促进科研组织全方位的信息沟通，使高校科研产业较快发展，同时提高科研单位对环境的应变能力和创新能力。

随着科研组织的虚拟化趋势不断加强，提高高校科研管理水平显得更加紧迫，这就需要在高校内部、高校之间或企业之间进行资源组合。虚拟高校科研管理组织结构是网状科研管理组织结构进一步虚拟化的产物。虚拟高校科研管理组织结构围绕某一研究目标和内容，把所需的各种研究资源和必要的组织功能联合在一个新的"柔性组织"中，建立一个较紧密的跨越时空的合作联盟。虚拟高校科研管理组织结构建立在信息网络上，通过运用先进的网络技术和信息系统基础结构把不同学科领域、不同地区、不同行业部门的人才资源迅速联合成一个虚拟整体，也就是说，组织的柔性就体现在人员的构成、规模等的可调整上。

（2）流程化管理服务理念，淡化行政权力。传统科研管理范式涉及的要素是人、技术和组织结构，而虚拟化管理范式则强调管理范围是整个科研流程，涉及组织的所有要素，时间、空间和信息也成为管理的要素。这就给传统的科研管理理念带来巨大冲击，服务成为科研管理哲学，行政权力逐渐淡化。

（3）最具代表性的组织形式是虚拟科研团队。虚拟科研团队是围绕一个共同的科研项目临时组织成立的科研团队，它的组织相对不稳定，成员随项目的进展随时会发生变动；成员对项目的参与程度各不相同；成员之间的关系也相对松散，以致在大多数情况下，团队成员并没有把它视作一个真正的团队。在传统沟通方式占主导地位的环境下，为了保证团队成员之间的有效沟通，团队的组织边界不可能很宽；而虚拟科研团队以信息技术为支撑，一个虚拟的科研团队可以产生在很多的科研团队之间，甚至以跨地区、跨国界的组织形式，进行实时交流，完成特定任务，因而组织边界非常宽泛。

（4）信任与协作是成功的必要条件。对于虚拟科研组织来讲，如果能够成功地运作，就必须有一个共同的目标。组织成员之间的信任至关重要，因为如果成员之间缺乏必要的信任，他们就很难进行深入合作。因为虚拟科研组织在结构方面没有传统组织那么严格，所以成员之间的沟通、协作就显得尤为重要和复杂。

二、虚拟高校科研管理组织结构的优点

与传统科研管理组织结构相比，虚拟科研管理组织结构具有突出的优点。

（一）提供科研创新的环境

虚拟科研管理组织结构具有知识性、创新性的特点，是一个知识型、学习型的新型组织。它减少了管理层次，缩短了信息通路，以最低的柔性成本对外部需求做出敏捷的组织变化，加快了决策速度，提高了研究与开发的效率。随着现代科学技术的发展，科研和技术创新活动对跨学科、多领域的知识集成的依托日益加强。知识集成的前提或实质是人才的集成，虚拟组织可以把具有不同学科和技术背景的人才整合到一起，宽松的环境可激发研究人员的灵感，而科研成果则是人才的创造性劳动和宽松的研究环境相结合的产物。

（二）拥有丰富的科研资源

虚拟科研管理组织结构突破了传统的科研单位的界限，拥有更丰富的资源，可以使国内外的科技、教育和企业联系密切，大量利用内外部资源进行技术研究开发，在更大的规模和范围内对资源进行优化组合。虚拟科研管理组织结构为知识共享和终身学习提供了基础，使高校科研和高科技企业的优势互补、国内外人才的优势互补得以实现，以低成本达到组织柔性的目的，从而获得高水平的研究成果。同时，网络式扁平结构极大限度地简化了管理程序，减少了管理层次，缩短了信息通路，使快速、完备和准确的信息流通成为可能。

面对纷繁复杂的网络化环境，科研管理组织结构虚拟化是必然的发展趋势。高校如何在动态的竞争环境中把握自己的方向、形成自身的科研特色、多出创新成果，成为必须考虑的重要问题。因此，在虚拟管理时代，构筑高校科研核心竞争力至关重要。

核心竞争力理论是 20 世纪 90 年代西方兴起的一种企业能力理论，核心竞争力是指企业开发独特产品、发展独特技术和发明独特营销手段的能力。

核心竞争力是某一组织内部一系列互补的技能和知识的结合，它能使一项或多项业务达到世界一流水平。核心竞争力具有与众不同之处，一项能力要成为核心竞争力，就必须是独树一帜的能力。如果某种能力为整个行业普遍掌握，就不能成为核心竞争力。在虚拟组织结构状态下，要想在竞争中站稳脚跟，高校就必须提炼、整合、培植独特的专长，以构筑高校科研核心竞争力。

随着实践的发展，虚拟组织结构的优势初见端倪。然而，虚拟科研管理组织结构不可能解决研究方面的一切问题，其产权模糊性带来的复杂问题需要进一步研究解决，而且目前它是否具有通用性和普遍适用性，只有人类社会进入全面知识化时代才能做出判断，它面临着人们观念转变的巨大挑战。但是，科研管理组织结构虚拟化的发展趋势，无疑是不可逆转的。

第五章　高校科研人才管理与创新

　　高校是培养人才的重要基地，人才素质的高低关乎国家经济社会的发展。高校不仅要以人为本，还应以用人为本。高校首先要落实党管人才的原则，在思想上要树立科学的人才观，重点弄清培养什么人的问题。在新时代，高校要在人才培养上转变思想观念，掌握核心内容，在实践中不断发展和更新，牢固树立"人才是第一资源"的新理念，注重人格品德、人才质量、专业科研、全面素质和可持续协调健康发展，制定切实可行的新制度，大力实施人才工程，深入推进高素质人才培养，尤其要抓好专业技术人才、高技能人才的培养。

　　目前，在现代技术日新月异，知识经济逐步成为主导经济形态，国际竞争更为激烈的新时代，如果没有优秀的人才，那么要实现中国梦是不可能的。于是，我国高校按照习近平总书记的重要指示，高度重视人才队伍建设和优秀人才培养的发展和创新，形成了一整套管理办法，制定了规章制度，并不断完善，在战略发展目标上，不仅把人才队伍建设和优秀人才培养放在重要位置，而且把培养人才的创新精神和创新能力，培养新时代创新人才作为发展战略的核心。

第一节 高校科研人才理念

一、科研人才思想的转变

高校是培养各类人才的首要阵地，关乎社会经济、民生的稳定和发展。我国目前如此高度重视发展科研事业，实际上是在争先抢占新时代科技、经济竞争的制高点，这一制高点就是科研人才。由此，以什么样的科研理念来认识科研、开发科研、培养科研人才，就成为我国高校工作迫切需要深入研究和解决的一个重要问题。

过去，我国科研存在重书本知识而轻创造能力、动手能力，重共性制约而轻个性发展等倾向。随着社会的发展，人们逐渐认识到高校在社会、经济发展中的重要性，尤其是进入新时代大变局以来，人们更深刻地认识到，科研开发、科研创新的重要性。

新时代高校科研工作将面临严峻的考验，要求高校必须重新思考高校科研发展问题。应当承认，对于高校科研的发展，同属于课本范畴的知识与动手能力都很重要，但在全面发展中，知识是基础，却不是全部。如果把高校科研仅仅限于知识的积累，忽视个人喜好、专长以及能力的发挥，则有悖于提高高校竞争实力的初衷。

二、科研人才理念的核心

要想培养高校科研人才，应该有四个方面的统一，即学习科学文化与加强研究的统一，学习书本知识与投身专业攻关的统一，实现科研价值与服务国家、社会的统一，树立远大目标与进行现实科研的统一。这正体现了知识、能力与专业、研究、开发、服务之间的和谐统一，没有这种和谐统一，很难说高校培养出了符合新时代要求的真正的科研人才。

高校科研人才理念的核心应该是实现知识、能力与专业、研究、开发、服务的统一。知识，主要指需要掌握的基础知识和专业知识，包括高校科研所规定的必须掌握的知识，也指更为广阔的科学和文化知识；能力，包括终身学习的能力，运用知识的能力，创新创造的专业能力，与国家、社会发展整合的能力，服务能力，推广能力，传承能力等；专业，主要是组织人才队伍，根据高校自身力量，定出长期的、短期的研究目标和方向；开发，就是将科研项目进行开发、测试，使其达到要求；服务，就是使开发研制的成果服务于国家、社会。

三、科研人才理念的更新

面向新时代，我国在对高校科研人才的认识和培养上，以知识、能力与科研素质三者统一为核心，进行了高校科研人才理念的诸多内容更新。

（一）树立人才是"第一资源"理念

在新时代，随着社会、科技和经济的发展，国家对高校科研人才的需求不断增加。在信息爆炸、学科交叉、知识更新和科技成果转化为生产力的情况下，为适应世界资源由物质资源开发向人才资源开发转移的大趋势，必须更新观念，树立人才是"第一资源"的新理念。人是生产力中最活跃的因素，也是起决定性作用的因素。如果说 20 世纪属于财富源于物质资源的时代，那么新时代则完全进入了"财富源于人才资源"的崭新时代。人类的未来和国家的繁荣比以往任何时候都更加依赖于科研人才的培养和科技知识的应用，创造知识和应用知识的能力与效率将成为影响一个国家综合国力和国际竞争力的重要因素，传递知识、培养科研人才已被视为国家发展的战略支柱。许多国家经济起飞得益于"人才是主要资源"这一发展战略。在现代经济增长中，高校科研人才资源作为一种能动的特殊资源，是经济资源中最重要的资源之一，代表现代社会生产力发展的水平和未来社会发展的方向。放眼新时代，从事科研人才培养、知识生产和再生产工作，将成为决定未来经济增长的最重要的事业之一。

树立人才是"第一资源"的理念，也就是要充分认识到高校科研人才的重要性。高校科研人才是新时代最重要的支撑力量之一，高校科研人才的素质高低将直接决定社会的发展。我们应该切实把高校科研工作作为基础性、先导性、全局性的工作，把高校科研人才开发作为社会的基础工程来建设。

（二）树立"质量"理念，革新人才培养模式

树立高校科研人才"质量"理念，就是要在培养高校科研人才时充分考虑社会和高校的需求，实质上这也是一个"产品"适销对路的问题。用人单位是根据社会经济文化发展趋势和自身特点来提出高校科研人才标准和要求的，用人单位应该明确：高校科研人才是分层次的，只要是能够在自己的岗位上发挥聪明才智、做出贡献的，都是人才。我国正处于生产力水平更加多元化的进一步发展的阶段，这就决定了对科研人才的需求更加多样化。

我国原有的高校科研体系与社会发展不相适应，主要体现在专业口径过窄、研制教育薄弱、培养模式单一、培训内容偏旧、培训方法僵化等，所有的这些都直接影响了科研人才培养质量的全面提高。要从根本上改变这种不适应的状况，就必须以知识、能力、专业、开发、创新观念改革为先导，不断深化科研人才培养模式的改革。不同的高校可以从不同层次、类型、学科专业方面进行改革，从而培养出满足人才市场需要的科研人才。

（三）培养全面发展的高素质科研人才

高校培养科研人才的目标应该是：基础扎实、知识面宽、能力强、品行

高尚。高素质的科研人才应是知识、能力、传承、专业、科研、开发、服务高度和谐与完美统一的。树立科研人才"全面素质"理念，在科研与实践的发展中具有重要意义。应该承认，过去的培养，特别是以传授科研知识、培养科研能力为着眼点的培养模式，对科研人才素质的提高也产生过影响，发挥了作用。在科研人才培养的过程中，强调传授科研知识、培养科研能力的同时，要更加注重开发和创新创造能力的培养，促进多方面协调发展，这是树立全面素质科研思想的关键所在。

（四）造就具有创新意识和创新能力的人才

没有创新的科研不叫科研，创新是一个民族进步的灵魂。因为知识经济是建立在知识生产、分配和应用之上的新型经济，所以知识决定了经济实践活动能够不断在创新中超经验、超常规地发展。与其他物质形态的生产相比，知识生产的特点在于它的探索性、创新性，它并不着意于把已有的知识重复地再生产出来，而重在开拓未知的领域，创造出原本没有的新知识，产生新的认识成果，其中包括新的知识、新的认识方法、新的思维模式等。如果不能实现知识增值，则知识经济也必将因失去其根本基础而陷入危机乃至崩溃。

所以，高校科研必须先行之。造就大批具有创新意识和创新能力的现代科研人才，对提高国家知识创新和技术创新能力至关重要。而完成这项任务主要依靠科研人才培养。因此，高校要着力培养科研人才求疑、实证、严谨和理性的工作精神；引导科研人才在工作和科学研究中，既要重视继承人类科学遗产，又要大胆发现问题，通过求证和科学实验解决问题，并且在这一过程中锻炼自己的创新能力。构建创新型科研人才培养模式，必须深化改革，突出创新能力的培养和科研人才个性的发展，培养科研人才的好奇心、求知欲，帮助科研人才自主学习、独立思考，保护科研人才的探索精神，营造崇尚真知、追求真理的氛围，为科研人才的禀赋和潜能充分开发创造一种宽松的环境，要让科研人才感受、理解知识产生和发展的过程，培养科研人才的科学精神和创新思维，重视培养科研人才收集处理信息的能力、获取新知识的能力、分析问题和解决问题的能力、语言文字表达能力以及团结协作和社会活动能力。

（五）树立科研人才可持续发展理念

实现科研人才的可持续发展，就是要充分挖掘科研人才的发展潜力，合理利用科研人才发展所需的各种资源，努力优化科研人才发展的环境，使科研人才实现个人素质的全面协调发展和对社会贡献的最大化。

第二节 高校科研人才培养新的发展

一、突出"以人为本"

传统高校科研人才培养以单纯的专业知识传授、积累为目标，学习内容提倡统一性、规范化。在新时代，高校科研人才培养有了新的发展，培养创新建立在科研人才的能动性、独立性基础上，以发挥科研人才的能动性为前提，注重独立性，强调科研人才的参与性，要求科研人才扩大知识面，提倡学习的多维性、多元性和自主性。

（一）确立"以人为本"的培养理念

高校"以人为本"的理念是尊重科研人才的人格和潜能，把科研人才作为培养的出发点和归宿的新培养理念，主要涉及对科研人才的角色定位和对科研人才智能状况的基本评估，如科研人才是单纯的知识接受者，还是知识的探索者；科研人才的人格、主体性是否应该得到充分尊重；科研人才是否具有一定程度的学习自由。

"以人为本"培养理念的重要内容之一是实现了从教育的单一主体论向教育主体论的转换。谁是教育的主体？是学校，还是科研人才？传统的培养理念是将学校视为单一的主体，科研人才仅是一个对象，一个客体。"以人为本"的培养理念持"双主体论"，即学校主体性与科研人才主体性同时存在，二者相辅相成。高校科研人才在科研活动中表现出来的主观能动性是成功培养的主要动力。许多教育家认为：所有真正的学习都是主动的，不是被动的，它需要运用头脑，不仅仅是靠记忆；它是一个发现的过程，在这个过程中，科研人才要承担主要的角色，而不是学校。以开发人才的创造潜能为主旨的创新教育，关键在于重视科研人才的主体性，尊重和唤醒科研人才的主体意识，倡导和发挥科研人才的主动性和创造性。当前，部分高校教育的最大问题就是没有把科研人才当作科研活动的主体，忽视了科研人才的主体意识。因此，确立"以人为本"的培养理念，实现科研人才培养理念转换的核心是肯定人才在科研活动中的主体性。

"双主体"中的学校仅仅是科研活动的设计者、组织者，学校的主体作用仅仅是一种主导作用，学校的讲授、示范、指导、开发、创新，仅仅是对科研人才科研活动的一种引导。应该理智地认识到，在科研人才求知和探索的曲折人生路上，学校只是给科研人才以提示和引导。

"以人为本"培养理念的另一重要内容，便是如何看待学校传授的知识，如何评定科研人才的质量标准。传统的培养是把知识作为既定的、永恒的结论传授给科研人才，要求科研人才被动地记忆、机械地模仿，并以既定知识的成绩作为评定科研人才质量的最终标准。"以人为本"理念强调知识的发现过程，而不是现成结论的记忆。因为科研人才的科研活动都要有一定的背景知识，没有对由前人科研成果和科研知识构成的科研的把握，就不会有重大贡献。然而，旨在培养创新科研人才的创新科研应更关注科研中的发现，即更关注科研人才发现知识能力的培养。这实际上是包括知识教育在内的智力教育，它重视培养科研人才独立思维能力、学习能力、发现问题和解决问题的能力、处理与社会和自然关系的能力，以及适应未来社会需求的能力等；相应地，评定科研人才质量的标准也在于科研人才应用和拓宽知识的能力，在于科研人才的发现能力、开发能力、运用能力和创新能力。显然，这些是以确立科研人才主体性为前提的。

（二）发扬"以人为本"的教学作风

高校贯彻"以人为本"的培养理念，需要发扬"以人为本"的教学作风，体现为对科研人才的尊重。

科研人才的主体性养成于科研人才参与科研活动的过程中。唯有以主体身份参与科研实践，在科研活动中有施展自身才能、发挥自身主动性的机会，隐藏在科研人才中的主体潜能才能得到充分发挥，科研人才才能清楚地认识到自身的价值，其主体性才能从不自觉上升到自觉，从朦胧变为清晰。

尊重、信任和理解科研人才，懂得维护科研人才的人格尊严，抛开以学校为中心的观念，坚持以科研人才为中心，是在科研中发扬"以人为本"教学作风的必要前提。为此，学校要善于与科研人才进行学术思想上的平等切磋，并虚心听取科研人才的意见，吸取科研人才的有益思想，从科研人才的质疑中寻找学校的不足，甚至鼓励科研人才否认自己的意见，要学会用欣赏的眼光去看待科研人才，善于发现科研人才的长处，并虚心向科研人才学习，以弥补自身的不足；要善于洞察科研人才的心灵世界，熟悉科研人才心理，多与科研人才进行心理上的交流，同科研人才交心，学会用心与科研人才进行平等对话。

科研人才创新能力的形成和发展，不能单方面依赖学校的讲解或说明，而主要依赖于他们自己的探究和体验，依赖于群体讨论和思想交锋。创新思维往往是群体自由讨论中大量信息撞击的结果。如果学校在培养中不给科研人才自主学习的机会，不为科研人才提供探究的自由空间，不鼓励科研人才思维的自由驰骋，创新也就无从谈起。为此，学校要尊重科研人才个性，鼓励科研人才进行创造性学习，努力构建生动活泼、主动探索的科研气氛，引导科研人才积极思维、主动探索，在科研中发掘自己内在的潜力。

（三）倡导"以人为本"的教学手段

"以人为本"的教学作风最终必须落实于恰当的手段。所谓"以人为本"的教学手段，即贯彻以科研人才为中心的原则，体现平等的新型学校与科研人才关系，有利于发展科研人才个性、激发科研人才创新思维，区别于"一台电脑，一本笔记，一个实验室，教师一言堂"的传统科研模式的新型手段。

二、强调创造力

就字面上理解，科研能力应当包括研究、实验、开发、创造与革新等几个方面，这里重点谈创造力的培养。数千年以来，创造与人类的文明、民族的兴旺、国家的存亡息息相关。翻开文明史，不难发现，正是人类大大小小的创造不断推动着人类社会的进步。人类历史就是一部创造历史。人类的创造，从石器时代就已经开始，可谓源远流长。

随着时代的进步和社会的发展，人们越来越认识到发展创造力的重要意义。由此，培养创造力的重要性就可见一斑了，尤其科研在创造力方面起着决定性作用。培养科研人才的创造力，可以从以下几点入手：

（一）正确理解创造力的概念

在科研活动中，人们往往把创造力看得过于神秘，以为那只是大科学家、大发明家的事。其实不然，只要是科研人才，皆普遍具有创造意识，更应该普遍培养。

　　创造力是一种能力，它是在科研活动中形成的，也是在科研活动中表现出来的。就科研活动而言，主要有七种形式：一是研究；二是开发；三是实验；四是推广；五是发明；六是发现；七是总结经验教训。研究是对古往今来的事物进行探索，总结经验教训，找出对策。开发是将研究的项目变成有用的正确方向和事物。实验是走向正确的方向，将事物变成有利社会的东西。推广是使有利的事物发挥更大的作用。发明是在现有事物的基础上，创造新的事物。发现是研究、开发、实验、推广、发明的过程，找出本就存在但尚未被人知晓的事物和规律。总结经验教训是在以上过程中找出优点和不足，以备今后更快更准地发现新的科研方向或要点。这些都需要创造力。

　　就科研创造力的本质而言，它可以表现在不同的层次和领域，如教育、经济、管理、军事等，各行各业都会有自己的创造。科研更应该进行创造。我国著名教育家刘佛年说："什么是创造？我想只要是有一点新意思、新思想、新观念、新意图、新做法、新方法，就可以称得上创造。我们要把创造的范围看得广一点，不要看得太神秘。"因此，创造力并不像我们想象的那样高不可攀、可望而不可即。高校首先应让科研人才在正确理解创造力的基础上，坚定自己能创造的信心。

（二）掌握扎实的基础知识

　　创造力是以知识、智能为基础的。知识是创造的基础，没有知识便无法创造。任何创造都是对已有知识的重新组合和改造，一切重大的创造都毫无例外地站立在前人的肩膀上，即在继承前人知识财富的基础上进行。因此，有人曾把知识、智能和创造力比喻为一座宝塔的三个层次，知识是塔座，智能是塔身，创造力是塔顶，这个比喻形象地说明了知识对创造力的重要性。为了使科研人才今后能更好地创造，必须促使他们努力学好基础知识，打下扎实的基本功，并建立合理的知识结构，也就是说，科研人才一定要有扎实的知识，只有具有合理的知识结构，才能顺利进行科学研究，也才能跟上新时代的飞速发展。

（三）养成勤思多问的习惯

创造离不开知识，但知识并不必然带来创造。培养科研人才的创造力，就必须发展他们的创造性思维能力，勤于思考，勇于探究，寻求变化，不受现成知识的局限，不受传统方式的束缚，由已知推导未知，去发现新事物、新理论。

勤思多问，不仅是对旧知识的挑战，也是新知识产生的先导。因此，高校要为科研人才提供科研的机会，逐渐养成他们多方向、多角度认识问题和解决问题的习惯。

（四）提供相应的创造环境

高校研究创造力的根本目的，在于更有效地提高科研创造力的发展水平。因而首先创造力应该得到承认、鼓励和培养。但在过去，并不是每个科研人才都那么幸运地身处鼓励创造的环境中。有些科研人才刚提出一个新设想或发明一样新成果，很可能会陷入这样一种境地：一些学校只会考虑学校的实际去对待科研人才提出的新想法，有时阻碍，有时拒绝。因此，在新时代，高校要站得高、看得远，要想方设法给科研人才提供机会，让每个科研人才都勇于表达自己的科研创造意见，当与科研人才意见不一致时，不应该轻易地拒绝他们的意见和做法。

现在，激励创造力的环境也在不断优化，一些学校还专门开展了调查研究，鼓励科研人才进行个人的研究和发明，有的还获得了国家的专利发明奖。就一些学校而言，培养与科研相结合，也为创造力的发展提供了多种多样的机会。现在，高校正在积极引导科研人才参加各类学科研究，有些科研人才在学习期间就取得了可喜的研究成果。随着培养与科研的进一步结合，高校科研人才的创造热情会被逐步激起，创造的信心会不断增强，创造的本领会得到充分锻炼，创造力会得到迅速发展，国家和社会对高校科研人才也会更加爱护和支持。

三、坚持社会实践

社会实践在培养创造性高校科研人才方面具有特殊的地位和作用。如何加强和改进这一工作，充分发挥其作用，是新形势下高校科研工作的重大课题，也是培养高校科研人才与时俱进的重要环节。因此，有组织、有计划地指导科研人才接触社会，广泛深入地开展科研社会实践活动，对培养创造性高校科研人才是十分重要的。

（一）升华创造性人才的思想品德

社会实践活动能帮助高校科研人才树立正确的科研观。社会实践使科研人才走向社会，接近科研的对象，瞄准科研的目标和方向，直接感受和体验丰富多彩、纷繁复杂的社会科研生活，在接受传统教育的同时，学会用辩证唯物主义和历史唯物主义的观点冷静分析科研上的问题，自觉把自己的科研理想与人类的科研进步、祖国的伟大复兴联系在一起，找到正确的科研方向。

同时，社会实践活动也有助于高校科研人才养成实事求是的科学态度和培养团队协作精神。科学来不得半点虚假，社会大课堂教育科研人才严谨、求实，通过扎扎实实的科学研究实践找到成功之路，否则会误入歧途甚至受到惩罚。在实践活动中，高校科研人才与学校教职员工需要配合协作来完成一定的任务，有利于培养高校科研人才的团队精神，提高其人际协调能力，使其学会取长补短、集中优势、分工合作，发挥整体最优效能。

（二）促进思维能力的发展

社会实践活动有助于培养高校科研人才的创造性思维能力和敢于竞争、

不屈不挠的精神。高校科研人才在各种形式的社会实践活动中，将不断经受传统与现实的撞击，始终置身于把握机遇、迎接挑战的激烈竞争中，处于发现疑难与解决疑难的环境中。高校科研人才会不满足于现状，大胆提出问题并思考和解决问题，突破陈规，勇于创新。在新时代，我国在更高层次和更广领域直接面对全球技术信息和资本市场的竞争，大力推进技术创新和"科教兴国"战略的实施。努力培养广大青年的创新、创业意识，造就一批适应未来挑战的高素质人才，已经成为实现中华民族伟大复兴的时代要求。根据这一形势的需要，近年来，高校培养科研人才的思路着力于政策和开放，在国家和社会各界的关心、支持下，一批科研人才活跃在各行各业，科研项目开发和国家、社会的需要相结合，向更深的层次推进，培养的新型科研人才也已进入世界科研的竞争中。

实践证明，社会实践有利于克服部分高校科研人才逻辑思维中重感性轻理性、重理论轻实践的倾向。高校科研人才的培养方式使高校科研人才能够迅速有效地掌握大量基本概念、基本理论和基本方法，具有系统性和全面性。那些直接的创造实践活动，能使高校科研人才体会到进行逻辑思维的乐趣和价值，进一步提高学习理论知识的积极性。社会实践有利于让高校科研人才通过科研工作指导经济活动的聚合思维能力和发散思维能力得到提高和发展。创造性思维是聚合思维和发散思维的有机统一，是一个聚合—发散—聚合……多次循环往复、螺旋式上升的过程。在这个过程中，错误的结论不断被抛弃，不完善的结论不断被修正，最后聚合出最优化的结论。社会实践为高校科研人才聚合思维和发散思维能力的发展提供了源泉和舞台，它开阔了高校科研人才的知识视野，激励高校科研人才运用所学知识分析和解决实际问题，提供了有利于思维发散的情境，创设了思维发散的条件，从而开发和发挥着他们的潜能。同时，社会实践也有利于高校科研人才直觉的培养和灵感的产生。直觉的培养和灵感的产生依赖于知识和经验的积累。根据自己的知识和经验，思维主体对认识对象进行洞察，产生直觉。灵感的产生更需要一定的外部诱发条件，这种条件可以是外部的直接刺激，也可以是外界某一事件对其进行的"原型启发"，或者是某种能使其触类旁通的联想。

此外，社会实践活动对高校科研人才形象思维的发展也有促进作用。高校科研人才通过积累大量实践资料，产生创造性想象——具有积极意义的想象而非消极的幻想，培养勤于观察、乐于观察、精于观察的习惯，从而提高形象思维能力。

（三）培养人才情感和广泛的兴趣

一方面，社会实践对高校科研人才情感的培养有积极意义。在考察访问等活动中，科研人才能够接受优秀传统科研文化的熏陶，感受科研的伟大，坚定科研信念；在科研与社会实践活动中，科研人才能够亲身体会开发创造的艰苦性和复杂性，尤其能体验到为国家、社会做出贡献的愉悦之情，并获得成功的快感。这些实践活动对高校科研人才人格的发展均会产生潜移默化的影响。

另一方面，社会实践能够培养高校科研人才广泛的兴趣。社会实践为高校科研人才培养广泛的兴趣提供机会。社会实践可以不受专业领域和科研人才的限制，把丰富的科研活动内容和五彩缤纷的现实环境呈现在科研人才面前，引起科研人才的多种兴趣，推动科研人才从相邻学科乃至边缘学科的思维模式和研究方法中受到启迪，或产生新奇联想，激发新的探索欲望。

综上所述，高校科研人才的培养离不开社会实践，社会实践应当得到学校和社会的切实重视。"受教育、长才干、做贡献"既是高校科研人才社会实践活动的宗旨和目标，也是开展社会实践活动的生动概括。通过实践活动，高校科研人才磨炼了意志，增长了才干，培养了强烈的责任心和高度的社会责任感，并将所学科研文化知识直接用于服务社会，弘扬了科学精神，普及了科学知识。同时，高校科研人才运用自己所掌握的专业知识、技能发现和思考现实生活中的各种问题，培养和锻炼了自己的创造性思维能力。此外，在实践过程中，高校科研人才奉献了自己的青春和热忱，以积极的姿态和饱满的精神，克服困难，迎难而上，用自己所学服务他人，创造性科研工作能力也能得到大幅度的提高。

四、加强思想政治工作

（一）思想政治工作能够激发科研人才的创新热情

科研人才创新能力培养的最基本的工作，就是激发科研人才创新的热情，引导他们认识创新的重要意义，培养他们的求异思维和敢于质疑的精神，激励他们不断地思考和创造，而思想政治工作就是建立引导、鼓舞、激励科研人才不断创新的动力机制。

首先，思想政治工作可以使科研人才认清历史发展趋势，端正科研态度，抢抓历史机遇，努力开拓科研创新，把科研人才内在的对科研成功的渴望转化为对创新创造的不懈追求。只有目标明确、热情迸发，科研人才的创新能力才会充分展示出来。

其次，思想政治工作可以让高校科研人才明确创新目标和方向，紧紧围绕建设新时代这一核心，培养创新意识和创造精神。创新意识培养和创造行为实践的过程也是学校和科研人才发展的过程，在此过程中，科研人才不但应树立创新意识，而且要努力在教学和科研中实现创新目标和方向，把自身发展融入新时代科研创新的主流之中。

最后，思想政治工作还可以激发高校科研人才的好奇心，充分调动他们的科研探索兴趣和求知欲望，增强他们对新事物的敏感性，激发他们的科研创新热情，使他们乐于科研创新，以科研创新为荣，并在创新中勇于经受挫折，自觉按科研的客观规律实践创新。

（二）思想政治工作能够为高校创新实践提供精神支持

高校科研人才的科研创新意识、科研创新思维最终要转化为科研创新实践，而科研创新实践要经历曲折的过程，可能遭遇各种困难甚至是失败。思想政治工作的另一重要作用，就是为科研人才的科研创新实践提供精神支持。

第一，要通过思想政治工作，培养科研人才坚忍不拔的意志和百折不挠的精神，引导他们正确认识成功与失败的关系，科学对待前进和曲折的辩证关系。要通过思想政治工作，使科研人才意识到：只有秉持科学求实的态度，才能少走弯路；只有锲而不舍，才能最终取得成功；在科研创新实践过程中，要专心致志、有始有终，好大喜功或盲目地乱闯往往会一事无成。

第二，要通过思想政治工作，培养科研人才的科研创新胆识。科研创新在本质上是探索未知的过程，因此它是勇敢者的事业。历史上的无数事实证明，只有具备非凡的胆识和果断决策的魄力，才能取得科研创新的成功。在复杂多变的科研创新实践中，面对纷繁复杂的诸多现象，只有认清事物的本质，果断地决定前进方向，才能抢抓机遇，实现科研创新性突破。

第三，要通过思想政治工作，培养科研人才的高尚人格。高尚人格是保障创新实践沿着正确方向发展的先决条件。因此，高校培养科研人才的高尚人格对科研创新具有把握正确方向的重要意义。此外，只有具备高尚人格的人，才能在现代科研中与他人更好地团结协作。在现代科技发展中，运用集体智慧进行科研创新的趋势越来越突出，科研和开发、创造、创新的交叉、渗透、融合，需要科研人才取长补短、集体攻关。只有具备高尚人格的科研人才才能消除无序竞争，更好地完成协作任务，在科研创新中占据主动。思想政治工作还可以营造有利于科研创新的良好科研文化氛围，做到人尽其才、物尽其用，有利于拔尖人才脱颖而出。

创新是一项复杂的系统工程，高校在科研人才科研创新能力培养过程中，要充分发挥思想政治工作的优势，发挥其在培养科研人才创新能力方面的独特作用，利用第二课堂的广阔空间，使学校和科研人才形成合力，使科研人才的科研创新能力得到提高。

第三节　高校科研人才创新培养

高校科研人才的培养要以提高全面素质和创新能力为重点，深化培养体制和结构改革，全面推进素质培养。培养创新精神和实践能力，培养创新科研人才，成为当前高校科研人才培养的重点。

一、创新培养的概念

随着"创新培养"的提出，各类高校纷纷从不同角度提出了自己对创新培养概念及其本质的认识。其中有代表性的观点是：

有高校从创新培养科研人才的目标入手，提出："创新培养科研人才是以培养科研人才的创新精神和创新能力为基本价值取向的培养。其核心是在认真做好本职科研工作的基础上，在实施素质培养的过程中，为了迎接新时代大变局的挑战，着重研究科研和解决科研创新意识、创新精神和创新能力的问题。"

另有高校认为："所谓创新培养科研人才，是指依据社会主义现代化对科研人才的要求，有目的地培养科研人才的创新精神、创新能力和创新人格。简言之，创新培养是旨在培养创新型科研人才的培养。"

还有高校做出了这样的解释："能够称之为科研人才创新的培养，应该是以科研人才创新能力和创新精神的培养为主的，以创造性思维或者说创新思维为桥梁的。也就是说，它是以科研人才培养创造性思维的激发为实施手段，以创新科研人才人格的养成为指向的。"

也有高校认为："创新培养是旨在培养科研人才创新素质的培养，也可称为创新素质培养。"

更有高校认为："创新培养就是培养科研人才在新领域更有新建树，更有新成就，更有新发展，勇于攀登新的科学高峰。"

上述内容揭示了创新培养的本质特征，但似乎还没有揭示创新培养所处的外部环境以及它与外部环境的关系。比如：创新培养与现实培养的关系是什么？创新培养提出的逻辑起点是什么？创新培养如何看待继承与创新的关系？创新培养是高校当前创新改革潮流中的一种，还是高校的整体性转变？如果说创新培养是培养科研人才的创新素质的，那么科研人才的创新素质与其他素质是什么关系？科研人才的创新素质能否单独培养？创新培养的实施途径是什么？

上述一系列问题，都涉及高校认识和理解创新培养的核心问题，高校在对创新培养下定义时必须给予明确的回答。将这些因素综合进去，从内部特征和外部环境以及内外联系的角度来全面定义，可以认为：创新培养以继承为基础，以发展为目的，以培养创新型科研人才为基本价值取向。

二、创新培养的本质

（一）创新培养的基本价值取向

杨振宁教授曾说："念书不应是学习的目的，而应是创造出新知识、新体系的一个手段。"从这一意义上讲，创新培养是以培养创新型科研人才为基本价值取向的培养，那么，何为创新型科研人才呢？

西方学者曾以不同领域的科学家为对象，连续进行过 20 年的研究，发现创新型科研人才具有一些共同的特质：高度的自我力量和情绪的稳定，独立自主的强烈需要，控制冲动的高水平，超常的智力，喜欢抽象的思维，对矛盾和障碍表现出极大的兴趣，等等。

另有学者总结了创造人格特质："具有创造力的人，独立性强，自信心强，勇于冒风险，具有好奇心，有理想抱负，不轻信他人意见，对于复杂奇怪的事物感到一种魅力，而且有艺术上的审美观和幽默感，他们的兴趣既广泛又专一。"

我国高校也有相似的研究，如《中国当代名人成功素质分析报告》总结出的500余位名人的"创新人格特质"就包括：善于抓住机遇、深厚的功底、杰出的才华、坚定的信念、敬业精神、特殊个性、勇于承受压力、良好的人际关系、善于表现自己等。

毫无疑问，创新型科研人才必须具备良好的创新素质。创新素质不是独立于科研人才的一般素质之外的素质，它是科研人才的综合素质的最高表现。综合以上研究可以看出，创新型科研人才的创新素质应该包括以下四个方面：

一是创新知识。谈到创新素质，许多学者认为包括创新意识、创新能力和创新个性，很少有人谈到创新知识。其实，一个人创新能力的高低虽然与掌握的知识的多少并不成正比，但毕竟离不开一定的知识积累。当然，大家所说的"知识"是活的能够应用、能够创新的知识，而不是僵死的知识。人们把"知识"排除在创新素质结构之外，是把创新看作独立于人的一般素质之外的特殊素质的观点的表现，其实，这种观点是站不住脚的。

二是创新精神。创新精神有广义与狭义之分。狭义的创新精神指科研人才不满足于现状、渴望变革、追求卓越的意识。广义的创新精神是指科研人才的一种价值取向，一种对待创新的态度。创新精神是科研人才创新的灵魂，主要包括好奇心、探究兴趣、求知欲、对新异事物的敏感性、对真知和科研的执着追求等。具有强烈创新精神的科研人才总是拥有渴望认识世界的激情，拥有追求知识、追求发明和发现的强烈愿望。培养科研人才的创新精神，就是要培养一种不囿于既定现实、渴望变革、追求发展的观念，一种热衷于发现、热衷于发明、热衷于超越的情结，一种以创新为荣、以创新为己任的价值取向，并激发一种激荡于胸臆、喷薄欲出的巨大创新潜能。

三是创新能力。能力有单一能力与综合能力之分。单一能力指仅含有一种因素的能力，综合能力指由两种以上因素构成的能力。创新能力是一种综合能力，主要包括创新感知能力、创新想象能力、创新思维能力和创新实践能力。这是创新的本质力量之所在。

四是创新人格。创新人格主要包括独立、坚持、批判、挑战、进取、合作等个性特征，能经受挫折、失败的良好心态，以及坚忍不拔的性格。

（二）创新培养是由接受创新发展而来的

创新不是从天上掉下来的，而是深深植根于高校现实创新土壤中的。

如今，创新的产生背景发生了巨大的变化，而高校科研创新的面貌和图景尚未发生根本性的变革。可以发现，高校科研人才培养工作方式或有变化，但创新不足，仍更多地维持着传统的框架。在这种情况下，发展创新就成了当务之急，尤其是培养科研人才的创新。

从科研人才创新培养与现实的关系看，科研人才创新培养是由接受创新发展而来的，是对接受创新的扬弃。所谓接受创新，是以学习和掌握科研人才培养几千年来积累起来的丰富的文明成果为目的的创新，是一种面向过去的、以继承为主的知识和科研的培养；科研人才创新培养是由接受创新发展而来的，是一种面向未来的，以继承为基础，以发展为目的，继承与发展相统一的创新。必须明确，科研人才创新培养不是对接受创新的否定，而是对接受创新的继承与发展。一方面，科研人才创新培养继承了接受创新在长期的创新实践中积累起来的系统传授文化科学知识的丰富经验和有效做法；另一方面，科研人才创新培养又克服了接受创新忽视能力培养特别是创新能力培养的弊端。

高校科研人才创新培养所追求的是一种面向未来的，以促进科研人才发展为中心的新的创新模式。从旧的接受性创新范式向新的创新性范式的转变，需要一个长期的历史过程。这种转变包括三个层面：一是创新文化的构建。创新的建立，离不开科学、民主的环境和思想。二是创新制度的构建。创新的建立，离不开制度的创新，必须改革保守、阻碍创新型科研人才脱颖而出的各种制度。三是创新操作体系的构建。创新的建立，离不开创新内容、方法、手段的创新，陈旧、落后的内容、方法、手段必须改革。因此，必须树立创新大视野，对现行科研人才培养创新观念、体系、评价模式等进行根本性的改造，实现创新的新生。总之，创新培养是对接受创新的扬弃，是接受创新发展到一定阶段的产物。

有专家指出，创新是为未来经济社会和科研做准备的。要准备未来的科研，适应社会发展的需要，就需在原有经验的基础上有所创新、有所发展。还有专家指出，"创新就是经验的改造"。这里的"经验"并不能简单地认为是主观唯心主义的先验的东西，而是人类历代知识和科研的结晶。人类就是通过对原有经验的改造，而不断地实现创新和发展的。因此，创新必须在传承中华文化中起到扬弃的作用。

传统创新的基本功能是继承人类社会几千年来所积累的科学文化知识和社会伦理道德、文化传统等，所培养的是一种具有适应性的人。这种创新已经不适应当今社会特别是新时代大变局对人的素质的要求。创新不是对现实社会的被动适应，创新还有超越现实社会的功能。高校在对科研人才进行创新培养时赋予科研人才以现实的规定性，是为了否定这种规定性，超越这种规定性。一切现实的规定性，只能决定科研人才的现在，而不能决定他的未来。理想的创新并不是要以各种现实的规定性去束缚科研人才、限制科研人才，而是要使科研人才从现实性看到各种发展的可能性，并善于将可能性转化为现实性；它要使科研人才树立起发展与超越现实的理想，并善于将理想变成现实，培养一种理想与现实相统一的科研人才，超越意识与超越能力相统一的科研人才，这才是创新的要义。

因此，只有将创新的继承性功能与发展性功能统一起来，才能培养出未来社会所需要的创新型科研人才。把创新的继承性与发展性功能统一起来，是创新在新的时代背景下对科研人才创新培养的复归。

由此可见，创新丝毫没有否定知识和科研的传授，而是要求在知识和科研传授的基础上，重视和加强对创新能力的培养。

（三）创新型科研人才的培养离不开创新性活动

人的心灵深处都有一种根深蒂固的需要，就是希望自己是一个传承者、发现者、研究者、探索者、开发者、创造者。创新的价值就在于通过创新性活动，培养科研人才的创新素质，使科研人才从创新走向创新的人生。

进入新时代，高校有许多创新改革的要求和口号，如创新现代化、素质创新、理论创新、科技创新、知识创新等，传播、流行起来十分迅速和广泛，但对创新行为和创新实践活动产生的影响较小。之所以出现这种现象，是因为传统创新理念和行为经过代代传习，已经形成了具有超稳定结构的经验系统，不少高校往往用传统培养的理念去理解和解释这些创新改革的要求和口号，把创新改革的要求和口号"同化"到原有的认知结构之中。这说明，要把这些长期形成的"接受性行为"转变为"创新性行为"，需要高校付出长期的努力。

三、创新培养的特征

所谓事物的特征，也即一事物与他事物的联系与区别。要科学地认识和把握事物的本质特征，就必须找到认识事物特征的逻辑起点。如前所述，高校科研人才创新培养是由接受创新发展而来的，高校科研人才创新培养的特征是与接受创新相比较而言的，离开对接受创新特征的把握，就不可能真正地把握高校科研人才创新培养的特征。

与接受创新相比，高校科研人才创新培养具有如下四个方面的基本特征：

（一）新时代对大变局的要求是创新培养的时代特征

进入新时代，人类社会将逐步进入知识和科研经济时代。创新是知识和科研经济的本质，是时代精神的体现，是衡量一个国家和民族综合实力和竞争力的根本因素。适应知识和科研经济时代的科研人才，必须具备较强的创新精神和创新能力。高校必须未雨绸缪，为知识和科研经济时代的早日到来做好科研人才储备。对科研人才进行创新培养，是高校创新发展的必然抉择。

（二）以培育创新能力为中心是创新培养的本质特征

接受创新是以知识和科研为中心的创新。"知识就是力量"是接受创新的名言，也是接受创新价值观的集中体现。长期以来，创新内容的相对稳定，为以知识和科研为中心的接受创新的存在提供了社会基础。与此相适应，接受创新形成了一套完整的以系统地掌握知识和科研为目的的体系：在创新目标上，要求继承和维持前人总结的知识和科研的经验，掌握基础知识、基础研究、基本技能；在方法上，注重传授，通过听和记及大量模仿性应用，达到理解和掌握知识的目的。传统的以知识和科研为本位的接受创新在科学技术迅猛发展、新时代大变局的创新从一次性创新向终身创新转变的背景下，已经不适应未来高校人才培养发展的需要。

世界许多国家已把创新改革的着眼点放在了培养科研人才的能力上。日本文部科学省特别委员会强调在创新培养目标中要突出健康的个性和独立能力。俄罗斯强调在创新培养目标中要突出创造性和应变能力。我国也强调：素质创新要以培养科研人才的创新精神和实践能力为重点，重视培养科研人才收集处理信息的能力、获取新知识和科研开发创造创新的能力、分析和解决问题的能力、语言文字表达能力以及团结协作和科研的能力；培养科研人才坚忍不拔的意志、艰苦奋斗的精神与适应社会发展的能力等。

（三）注重开发科研人才潜能

接受创新以"仓库理论"为其理论基础。"仓库理论"认为，"脑子是储存事实的仓库"，创新就是用知识和科研去填满"仓库"，获取知识和科研，知道的事实越多，掌握的知识和科研越多，则越有学问。因此，"仓库理论"十分重视记忆，因为记忆是积累知识和科研的最佳方法。

但这种"仓库理论"已经不适应新时代的需要。首先，把科研人才的大脑仅仅视为"储存事实的仓库"的观点是片面的。国外心理学家的研究表明，大脑有四个功能区域：一是从外部世界接受感觉的感受区；二是将这些感觉进行收集整理的储存区；三是评价收到的新信息的判断区；四是按新的方式把已有的知识和科研新信息结合起来的想象区。由此可见，储存功能仅是大脑功能的一部分。如果仅把大脑视为"储存事实的仓库"，一味追求知识和科研的容量，就会造成大脑功能发展的不平衡，助长呆读死记的风气。

其次，新知识、新科技的巨流如排山倒海般地涌来，使大脑这个"仓库"来不及包容如此巨量的信息。据德国学者哈根•拜因豪尔（H.H.Beinhauer）统计，"今天一个科学家，即使夜以继日地读书，也只能阅览有关他自己这个专业的世界上全部出版物的百分之五"。

最后，更为重要的是未来的新时代大变局需要的是更富有智慧的科研人才。爱因斯坦曾经说过："想象力比知识更重要，因为知识是有限的，而想象力概括着世界上的一切，推动着进步，并且是知识进化的源泉。"日本学者川上正光认为："知识，百科全书可以代替，可是考虑出的新思想、新方案，却是任何东西也代替不了的。"更何况，如今现代化的设备和手段，已使人们获得知识和科研信息变得十分方便和快捷。

在这种情况下，如何开发人脑的"潜能"就成为当前创新培养的重要任务之一，也是创新培养区别于传统的以知识和科研传授为基本手段和目标的接受创新的重要特征之一。

（四）评估模式多元化

科研人才是具有差异性的个体。这种差异性表现在科研人才的智慧类型、学习速度、个性特征等各个方面。科研人才的发展是各具特色、丰富多彩的，传统创新评价和管理的弊端集中表现在用"一把尺子"来评价和管理所有的科研人才，它不适应科研人才差异化发展的需要，不利于开发和培养科研人才的创新素质。创新培养要改革"统一化"的创新评价模式，建立多元化的创新评价和管理模式，为创新科研人才的大量涌现和成长提供民主、和谐、宽松的创新环境。评价和管理科研人才要看科研人才的全面素质和全面发展水平，即既要看科研人才的专业、研究、开发、创造成绩，也要看科研人才德、智、体、美、劳等方面的发展，更要看科研人才的特长发展等。

所谓多元化评价和管理模式，就是高校在评价和管理科研人才时，要突破用统一的标准来评价和管理所有科研人才的限制，建立适合科研人才个性发展的评价和管理模式。

第六章　高校科研评价体系
及其价值取向

　　近年来，高校科研呈现出空前的繁荣，主要表现为：科研队伍不断壮大，科研经费逐渐增加，科研成果日渐增多，科研地位日益提高。在此背景下，高校科研评价问题引起了人们的普遍关注，有关高校科研评价体系也相继问世。甚为遗憾的是，现有高校科研评价体系明显不够科学、不够合理。其原因主要在于已有高校科研评价体系的构建者往往简单采用科学引文索引（Science Citation Index, SCI）、美国工程索引（Engineering Index, EI）、社会科学引文索引（Social Sciences Citation Index, SSCI）、中文社会科学引文索引（Chinese Social Science Citation Index, CSSCI）、艺术人文引文索引（Arts & Humanities Citation Index, A&HCI）等收录的论文数，发表的专著数，申请的专利数以及科研成果的获奖数等量化指标对高校科研状况进行评价，而并未深层探讨构建高校科研评价体系的理论基础。

第一节　高校科研评价与评价体系

一、高校科研评价

高校是探究高深学问的地方，是培养高级人才的场所。尽管高校也有科学研究的职能，但其根本属性是学校，根本职能是培养人才，因而高校开展的科研活动与科研院所和其他机关事业团体、集体或个人开展的科研活动有所差别。

与科研评价包含科研条件评价、科研过程评价和科研成果评价一样，高校科研评价也包含对高校的科研条件、科研过程及科研成果三个方面的评价，也就是说，高校科研评价包括高校科研条件评价、高校科研过程评价及高校科研成果评价三个方面。值得指出的是，本书所提到的高校科研评价体系是基于质量的评价体系。基于质量的基本含义是指事物、产品或工作的优劣程度。在本书中，高校科研评价是指，一定的评价主体依据一定的评价标准对高校科研条件达到某种水平及满足高校科研活动顺利实施的程度，高校科研过程达到某种水平及满足预期科研计划实现的程度，高校科研成果达到某种水平而满足社会相关方面需求的程度及其促进人才培养、科技进步和社会经济发展的程度所进行的价值判断。

二、高校科研评价体系

高校科研评价体系是关于高校全体师生员工在自然科学、技术科学、人文科学和社会科学领域中开展的基础研究、应用研究和开发研究的评价体系，是在对高校科研的本质特征进行广泛调查和深入探讨的基础上，抽取有关影响高校科研条件、科研过程及科研成果的典型的、本质的特征，制定的一整套适用于一定范围内的、统一使用的高校科研的评判依据，包括评价高校科研条件的一套评判依据、评价高校科研过程的一套评判依据和评价高校科研成果的一套评判依据。简单地说，高校科研评价体系是指，对高校全体师生员工开展一切类型科学研究的条件、过程及成果进行价值判断与价值评定时的一整套依据，是由高校科研条件评价体系、高校科研过程评价体系和高校科研成果评价体系有机构成的一个价值判断体系或价值评定体系。其中，高校科研条件评价体系、高校科研过程评价体系和高校科研成果评价体系各自由相应的评价指标体系、评价指标权集及评价标准体系三个部分组成。

第二节　高校科研评价体系的
价值取向

　　评价是一种价值判断活动，具有明显的主观性，高校科研评价亦不例外。显然，立足不同的价值取向，可以构建相异的高校科研评价体系。为了构建一套科学合理、切实可行的高校科研评价体系，本节专门探讨高校科研评价体系的价值取向。

一、高校科研评价体系价值取向的相关概念

（一）价值取向的相关概念

1.价值

哲学界对"价值"这一概念下了很多功夫，关于价值的本质及相关问题

的研究已经取得了相当丰富的成果。孙伟平在《事实与价值》中对价值与主体、价值与需要、价值与能力、价值与目的、价值与评价之间的关系进行了较为详尽的阐释。主体是指对象性行为中作为行为者的人，客体是指这一对象性关系中的对象。主体的需要本质上是一种社会性的需要，是在社会活动中产生并得以提升的，价值无法脱离主体而存在，价值关系可以被视为主体性的关系，把人的需要作为衡量价值的重要尺度，根据事物的属性能不能满足需要的状况确定事物的价值。正如袁贵仁所言："人的需要作为价值的尺度……在一定意义上可以说，有什么样的需要论也就有什么样的价值论，价值的种种问题在很大程度上要通过需要来解决。"人的需要与其能力密切相关，人的需要意识的觉醒、自我需要与客体性质之间关系的建立，以及这种关系对主体需要的满足，在很大程度上都是由其能力所决定的。

学术界关于价值问题的探索和争论一直存在，西方哲学各派对价值的定义至少有几十种，以至于作为价值哲学的基本概念的价值究竟是什么，至今仍未有一个公认的说法。作为价值哲学的基本范畴，价值是对各个领域中各个特殊的、具体的形态的总概括、总抽象。李德顺在《价值论》中分析了几种流行的关于价值的理解，如：价值是人类的一种精神现象，是人的旨趣、情感、意向、态度和观念等方面的感受状态（观念说）；价值是一种独立存在的实体或现象体系（实体说）；价值是某些实体所固有的或在某些情况下产生的特殊属性（属性说）；价值是客体满足主体需要的关系（关系说）；价值是无法脱离主体存在的，价值必须通过社会实践活动才能体现出来，是在实践中形成和发展的。他提出了自己关于价值的主张——实践说，即认为价值是在实践—认识活动中建立起来的，以主体尺度为尺度的一种客观的主客观关系，是客体的存在、性质及其运动是否与主体本性、目的和需要相一致、相适合、相接近的关系。

尽管对价值的理解歧见纷呈，价值哲学仍然致力于从众说纷纭的价值观中抽象出一般的价值，从价值的本质入手，研究具有普遍性的价值问题。在实践中，人们在生活中会面临各种各样的问题，需要不断地思考和解决问题，这些问题可以归结为两类：一类是事实问题，即对客观事物的认识问题，比如"这是什么"；另一类是价值问题，即对客观事物对人的意义问题，是人面对事物应该持有什么态度或者采取什么行动的实践问题。例如"这是一次高校科研评价"，属于事实判断，它描述了一种客观的情况，并没有要求人们做什么；"这是一次有效的高校科研评价"，属于价值判断，"有效的"表达了一种态度，要求采取一种行动。价值判断中包含了对行动的要求，具体应该做什么或不做什么，具有价值指向性，会把人们的行动引向被判断为有价值的目标。任何学科要发挥自己的现实作用，都必须经过"面对价值选择"或"提供价值取向"这一关，因此它们最终都不能是与价值无涉的。

笔者认为，价值产生于与主体和客体之间的实践关系，价值是指在实践中客体属性满足于主体需要的关系。价值具体表现形式有哪些？依据不同的角度和方式，就会有不同划分和排列。在哲学意义上，最普遍的分类就是依据所满足的需要在主体生存发展中的整体性质和地位，将价值分为目的价值和工具价值。目的是指对一定需要的满足本身，工具则是达到目的所依靠的条件和过程，目的价值和工具价值是两种最普遍的价值。国内外学术讨论中存在很多疑似"目的价值"的概念，如在韦伯提出的"工具理性和价值理性"中，"价值理性"就含有目的价值的意味，而"内在价值""主体价值""自身的价值"等提法都与"目的价值"相似，还有些人在描述某种不依赖于具体关系而存在的永恒价值现象时，使用"终极价值"，这一提法也包含"目的价值"的意味。笔者认为，这些相似、疑似概念可以统一理解为目的价值。

2.价值观

陈章龙在《论主导价值观》中认为，价值观念是人们在特定社会环境中对价值关系的理性把握，即人们对价值关系的认识。价值观念不再停留在"我需要什么"的水平上，而是对"由于某种理由，我应该如何"的思考。价值观是一种理论化、系统化的价值观念，价值观是与人相关的，因而无法脱离一定主体，不同主体可能具有不同的价值观。正如晏辉所言："任何一种价值观的形态无不与人相关，要么就是人（以个人为主体）的价值观，要么就是由人的活动所引发而又为着人的。"价值观是基于某种理由的，价值观是一个人或者一个组织对当下事物以及将来事物是否具有价值、有多大价值、应该具有何种价值的信仰、信念、认知、情感以及意志的总称。

笔者认为，价值观是指人们用来评价某种行为、某种事物以及某种选择的抽象的、一般化的准则。人们的行为取向、对事物的评价和态度等都是反映一定价值观的载体。价值观是世界观的核心，是人们实施某种行为的内部动力，它是一切社会行为的调节和支配力量。具体的价值观总是特定的社会存在的反映，它受社会地位、物质生活条件等环境的影响。社会化是价值观的形成途径，因此价值观是一种后天现象。价值观具有相对稳定性，一旦形成不易改变，价值观的改变是社会变革的前提，也是社会变革的必然结果。

3.价值取向

价值取向是什么？学界尚无定论，归纳起来存在几种不同的理解：

第一种理解，认为价值取向是某种价值倾向。例如：价值取向指主体在价值选择和决策过程中的一定的倾向性；价值取向就是人们在一定场合以一定方式采取一定行动的价值倾向。

第二种理解，将价值取向与价值标准等同。例如：价值取向就是一个人所信奉的，而且对其行为有影响的价值标准。

第三种理解，认为价值取向就是价值选择。例如：价值取向是在价值选择的过程中决定采取的方向，是人们按照自行的价值观念，对不同价值目标所作出的行为方向的选择。

上述对价值取向的不同理解，都有其合理性，而价值取向的内涵与价值倾向、价值标准、价值选择、价值目标的范畴在某些特定的情境下也存在比较大的重叠。基于对价值及价值观的理解，笔者认为，价值取向是对客体的实践与认知的过程中，主体具有导向性的价值观，是主体的价值标准所取的方向，是主体自觉的、有目地对价值实践方向的选择。针对高校科研评价这一具体工作，高校科研评价的价值取向就是针对高校科研评价问题做出的价值选择，体现了科研评价主体的价值方向，是高校科研评价的理论前提。

（二）高校科研评价体系的价值取向

评价既然是一种价值判断，那么为什么还要关注高校科研评价体系的价值取向问题？这是因为，高校科研评价实践活动是一个复杂且系统的过程，无法离开价值取向。首先，高校科研评价体系需要在理解评价对象的基本属性和特征的基础上，建立一个能够表征评价对象的评价指标体系，评价指标体系的建立是蕴含价值取向的；其次，为确定高校科研评价体系中的评价指标集及相应指标的权值（指标权集）而开展的信息收集和数据采集活动，以及选择合适的评价方法实施评价的活动，都涉及评价人员的价值取向；最后，在实施高校科研评价的过程中，评价主体需要在综合考虑多方面因素及平衡多方面利益的基础上，立足于以价值理性为主导的定性分析和以工具理性为主导的定量分析，得出评价结论，在这个评价实践过程中，必然会涉及不同主体的价值取向。

评价是一种价值关涉的社会活动，评价无法离开价值取向，评价合理性的基本尺度是合规律性、合目的性。一般来说，衡量评价所蕴含的价值实际上就是在理想的评价中（或者评价的理想目标的基础上），建立一套评价的价值标准，继而对评价活动进行评价。从这个意义上来说，高校科研评价的价值定位目的在于明确什么是高校科研评价的理想目标，也就是说什么样的高校科研评价才是理想的、有价值的。

高校科研评价本身不是一个无目的和价值的手段，既不是价值中立也不是价值无涉的，而是蕴含着评价主体的价值取向的，即它是价值关涉或者说价值负载的。按照前文对价值、价值观、价值取向等概念的理解，笔者认为，高校科研评价体系价值取向是指，对高校科研评价主体进行认识和实践的过程中，产生的具有主导性的价值观，即评价主体的评价价值标准所取的方向，它是评价主体对高校科研评价行为所取的方向。

价值取向在高校科研评价中涉及不同的评价主体需要的满足，高校科研评价体系价值取向是评价主体对高校科研评价体系、评价功能所进行的选择与评价，不同的评价主体（政府、社会、企业、高校、科研人员）在高校科研评价过程中对高校科研的认识、判断和改进不同，因而对高校科研评价体系就会持有不同的价值取向。对于政府而言，最基础的价值取向是管理价值取向，即政府对高校科研进行评价，主要目的是对高校科研水平进行鉴定，对高校科研运行进行监督管理，对高校科研资源进行合理配置；对于社会而言，最主要的价值取向是社会价值取向，即社会关注高校科研对社会的服务功能；对于企业而言，最主要的价值取向是经济价值取向，即企业注重高校科研评价体系满足企业的经济需求，高校科研成果产出能够转化为经济效益，促进产学研协同创新；由于强调学术自由、要求免受外部影响、强调通过自由探索精神来发展新思想，因而高校更注重学术价值取向、教育价值取向；科研人员认为高校科研评价应充分考虑科研人员的经济报酬、职业发展等现实需求。总体来说，不同评价主体所持有的价值取向是不同的，不能脱离具体的评价主体而抽象地讨论高校科研评价体系的价值取向。

二、高校科研评价体系价值取向的特点

（一）理念性

理念是哲学意义上的观念或学说，是一般意义上的观点或观念，也就是人们对教育、教学、科研等的看法或所持有的信念。高校科研评价体系价值取向是理念形态的，是人们对高校科研评价体系的一般意义上的看法及所持有的信念。价值取向支配着主体对高校科研进行评价，是评价活动的起点。

高校科研评价体系价值取向具有理念性，主要表现在以下三个方面：

其一，精神性。价值取向实际上是对某种"客观实在"所实施的认识层面的"纯化"。高校科研评价体系价值取向是在高校科研评价体系经过主体内化以后产生的观念或意念，是对高校科研评价体系认识层面的高度概括，具

有精神性。

其二，主观性。无论哪种高校科研评价体系的价值取向，都是从实在的某一点或者某些观点出发而构建的一种思想图像，是根据研究者当时的知识状况，以及其所惯于支配的概念结构，给高校科研评价带来的一种价值判断准则以及一种价值取向的选择。基于此，它绝不表示其自身是唯一可能的观点或者见解，随着知识的逐步积累，原先构建的价值取向可能失效，而为了实现对实在更为深入的认识，就需要研究者改进其价值取向或者重构新的价值取向。

其三，非有形、非物质性。价值取向是看不见摸不着的，没有具体的形态，存在于人们对某种价值的信仰的基础之上，价值理性的行动将某种价值追求引入高校科研评价体系当中，并形成行为的目的；而工具理性的行动则借助于科学或者客观的知识，设计出实现此目的的最为适当的、有效的手段。高校科研评价体系价值取向首先通过价值理性的行动确立某些"可欲的"价值，例如自由探索、科技创新、社会效益等成为高校科研评价体系所应追求的价值目标；然后以工具理性的方式从具体规则，即手段上予以体现和保障。在工具理性与价值理性之间，任何一种都不具有价值上的优先性，二者同样都是非常重要的。因为作为手段的工具理性的行动固然重要，但是它的重要性恰恰就在于它能够用来实现某个目的。

（二）导向性

高校科研评价体系的价值取向应该向被评价对象明确传达"应该做什么""应该如何做"等导向性信息。价值取向不同导致高校科研评价体系的差异，正确的、应然的价值取向对高校科研评价体系具有积极的引导作用，偏颇的价值取向对高校科研评价体系具有消极的引导作用。确立科学合理的高校科研评价体系的价值取向，可以引导高校科研健康有序发展，引导被评价对象的科研目标和国家（或社会）需要相结合，突出高校在科研事业发展中的重要作用，鼓励创新，从而保障高校科研评价的有效运行，有效提高高校科研质量与水平。

（三）合规律性

合规律性指的是高校科研评价体系的价值取向必须符合科学精神，符合社会潮流。高校科研评价体系的价值取向应该符合客观规律，具体表现在高校科研评价体系的价值取向应该具有科学性、可行性。

评价体系价值取向的科学性是指评价体系的价值取向必须以科学的精神为指导，积极引导评价活动的组织与实施。其科学性要求在对高校科研这一评价对象的本质进行理解的基础上，确立科学合理的价值取向。

评价体系价值取向的可行性主要是指评价体系的价值取向必须具有可实现性，是评价体系科学性的补充，要求评价体系的价值取向符合现实条件，能够引导高校科研评价活动顺利实施。

总之，评价体系价值取向的合规律性是评价有效实现主体价值选择的基础，是评价活动得以顺利实现的保证。

（四）合目的性

合目的性是指高校科研评价体系的价值取向应该符合社会需求，符合高等教育的理念和价值追求，需要体现正当性、有益性和适当性。在高校科研评价体系中，价值取向的正当性是指评价体系的价值取向必须有利于实现实践主体的目的。从一般意义上来说，在人类的社会实践活动中，只有充分满足实践主体的需求，有利于实现实践主体的目的的评价活动才是正当的、有益的。高校科研评价的目的在于更好地提高高校的科研质量与水平，只有有利于实现这一目的的评价，才能被视为正当的、有益的评价。评价价值取向的适当性，主要是指评价活动的近期目标、长远目标以及最终目标之间的适应与平衡，评价的根本需要与现实需要之间的协调与统一。

合目的性必须考虑高校科研评价的不同主体之间评价目的的不同。就政府而言，高校科研评价是其对高校科研质量与水平进行管理与咨询的工具，目的是全面提高高校科研质量与水平，促进高校科研可持续发展；就企业而言，高校科研评价是高校技术转移、科技服务、成果转化能力的参考依据，目的是了解高校为企业带来了多大经济效益；就高校而言，高校科研评价是为促进高校科研发展、学术创新及人才培养服务的；就高校科研人员个人而言，高校科研评价是对其自我价值实现的一种评价。不言而喻，高校科研评价体系的价值取向应该是在平衡各方目的的基础上形成的，不应该顾此失彼或厚此薄彼。

三、高校科研评价体系价值取向的现状描述

（一）价值取向偏颇

工具价值和目的价值在高校科研评价体系中的失衡，是高校科研评价体系的价值取向存在偏差的重要表现。其主要表现在工具价值膨胀和目的价值缺失两个方面。

1.高校科研评价体系价值取向的工具价值膨胀

高校科研评价的指导思想、评价体系、评价标准都倾向于工具价值，忽视了高校科研评价本身所蕴含的价值，造成了高校科研评价的肤浅化、简单化。从评价的实际效果而言，被评对象处在一个被动的地位。例如，在对高校的排名鉴定、科研项目的检查、科研人员绩效评比等评价形式中，工具价值膨胀造成了高校科研评价几乎演变成奖优惩劣的手段，评价人员忽视了高校科研评价对高校及科研人员发展的促进作用，忽视了高校科研评价对高校科研发展的导向作用。无论是教育行政部门、科研管理部门对高校进行科研水平评价、科研项目申报鉴定，还是高校内部对其科研人员进行绩效评价等，工

具价值取向均十分明显。

2.高校科研评价体系价值取向的目的价值缺失

已有高校科研评价体系的价值取向主要从工具理性出发，忽视对价值理性的重视，较为关注达到目的的工具及手段的有效性，而极少关心目的本身是否合理。许多评价人员将高校科研评价体系作为工具使用，以判断科研成果数量的多少及科研工作量的大小，评判高校科研质量与水平的高低，很少思考评价目的的合理性。高校科研评价体系的价值选择主要是由不同利益主体对不同利益需要的认知、鉴别和取舍。在工具主义的导向下，人们通常认为高校科研评价是一种工具和手段，极端凸显了高校科研评价的工具价值，以至于评价失去了其本体存在的意义，科研成果是否"有用"成为衡量一切的标准，而"无用"的科研成果则被无情地摒弃，在这样一种氛围中，高校科研评价活动表现出工具价值与目的价值分裂，工具价值膨胀而目的价值缺失。

在高校科研评价过程中，工具理性占据了绝对地位。工具理性主要表现在把评价主体限制在对某种预先确定的目的最适宜手段的选择上，限制在评价主体对科研评价某种功能（比如问责、管理、组织等）最佳操作的可能性上，强调的是逻辑的、实践的、有条理的。然而，工具理性毕竟只是一种以支配自然为前提的有限理性，它在寻找知识的根据、劳动的效率、程序的合理时，容易忽视价值理性对高校科研评价的批判功能，丢失了对终极价值的坚持，从而人为造成了高校科研评价体系价值取向之间的工具价值与目的价值的冲突，造成了评价体系价值取向内在的逻辑混乱，导致高校科研评价的目的出现矛盾。

（二）功利意识过强

在伦理学中，"功利"被视为具有贬义色彩的概念，常将"功利"与"私利""自私"等概念相等同，导致人们谈"功利"而色变。实际上，功利更接近于中性，而非贬义。所谓功利，主要是指客体满足人的物质需要的意义。

功利是一种价值，是人类最普遍意义的向往和追求。在世俗世界里，人们根据功利观来评价其他价值，区别仅在于是集体的功利还是个人的功利，是长远的功利还是眼前的功利。功利意识过强导致高校科研评价出现了诸多问题。

不可否认，功利意识在高校科研水平评价中具有一定的正面作用，在一定程度上能够促进高校科研的发展。然而，由功利意识过强而引发的高校科研评价过分功利化的局面是非常危险的。功利意识具有天生的局限性，它是用一种非常宽泛的定义来处理一切问题，即"有利性"或"获取满足（快乐）"等。这样来说，某事物具有价值的必要条件就必须为一些人所需要、是一些人的愿望。但是，由于人的认识水平存在差距，一旦个人的需要得到满足，功利主义者对其他的一切信息（他人、社会等）都无法产生兴趣，容易造成人们对眼前的功利和个人的功利的屈从，从而忽视了对社会价值、长远价值、终极价值的考量。

事实上，高校科研评价是一个价值选择和博弈的过程，由于不同的价值主体利益需要的不同，以及价值观的不同，不同评价主体会有不同的价值选择。功利意识过强的价值取向必然会造成不同主体在高校科研评价中产生价值冲突。就科研人员而言，如果高校科研的指标被赋予太多的功利色彩，科研评价结果的好坏直接与利益密切相关，就会使科研人员为功利目的而进行科研，追名逐利，淡忘科研最初产生的本质（即对未知的探索），忽视服务社会的需要。功利意识过强的价值取向会导致科研评价人员为了获得经济利益这一功利目的而进行评价。部分高校要求科研人员大量发表学术论文，多发表 SCI、EI、SSCI 期刊，多开展产学研合作项目等，以求获得更多的科研资源，这样虽然对高校科研有一定的推动作用，但是造成了高校科研、学术氛围的浮躁，使高校科研人员无法潜心从事科研活动，这并不符合科研活动的基本规律。

从现实看，高校科研评价体系的功利性价值取向在基础研究领域体现得更为明显。众所周知，在基础研究中许多重要成果需要几年、几十年的继续研究才能得到承认，才能显示出其独特的价值；高校科研对人才培养的作用也需要长时间的社会检验。功利性价值取向主导的高校科研评价，往往造成重视应用研究，忽视基础研究；重视技术提升，忽视原始创新；重视科研成果，忽视人才培养。

高校科研评价体系价值取向的功利化，导致高校科研评价被功利所绑架。在人均科研资源相对缺乏的今天，面对个人发展的压力，在功利意识的影响下，受短期绩效冲动的驱使，部分科研人员大量发表论文，致使科研项目、经费成为其谋取利益的最为便捷的工具。这种局面的存在，进一步导致了学术腐败、学术造假、学术泡沫以及科研人员之间的贫富分化等现象层出不穷。

（三）价值追求褊狭

从主体的形态和层次划分，价值可以分为个人价值和社会价值两个相对应的概念。价值追求褊狭也是高校科研评价体系的价值取向存在偏差的重要表现。价值追求褊狭具体表现如下：

1.过分追求科研的个人价值

科研的个人价值可以视为一种科研的个人价值观或个人主义价值观。

个人主义作为一种哲学，包含一种价值体系，一种人性理论，一种对某些政治、宗教信仰的总的态度、倾向和信念。个人主义价值观强调一切均以个人为中心，个人本身就是目的，具有最高价值，社会只是达到个人目的的手段；个人在社会中是平等的，个人都是目的，而不是另一个人牟利的手段。个人主义的盛行，造成了新的信仰危机。科学与技术的危机和问题之所以存在，归根结底还是因为人的问题，特别是人的非理性因素的作用以及人类基本价值信念的混乱所造成的困境。

个人主义价值观主导下的高校科研活动，以及高校科研评价活动，在重视实现个体价值的同时，常常忽视了社会价值的实现。例如，科技创新对生态价值的忽视，本质上就是对个人功利价值的过度关注，在某种程度上，是对他人价值、社会价值的漠视。再如，在高校教师科研绩效评价中，以论文发表的数量、层次作为评价标准，将评价结果与教师待遇挂钩，教师"造"论文、"造"成果以求更好的个人效益，不在乎这些成果对他人、群体、社会的效益，这也是极端重视个人价值，忽视社会价值的表现。

2.明显忽视科研的社会价值

科研的社会价值可以视为一种科研的社会价值观。价值观念是社会发展在意识中的体现，必须代表大多数人的利益，使个人和社会利益边际值最大。个人或群体利益的简单相加并不一定构成社会利益的总和，有着个体质和总体质之间的差别，不同利益主体的需要及其价值追求越来越多地影响主体的价值选择，由于利益追求的差异，其会表现为价值认识和选择上的冲突。个人价值取向和社会价值取向在现实社会中会不断地发生矛盾，往往会导致高校科研评价无法和谐有序地进行。

当今时代，科学对整个社会的影响越来越大，科学与生产、社会、政治等息息相关。科学不仅可以造福人类，也有可能危害人类。在现实社会中，高校科研评价本应该负有相应的社会责任，然而，在个人主义盛行的情况下，其社会价值必然呈现衰微态势。

（四）科技理性不足

科学和技术是两个完全不同的概念，科学是在人类研究过程中所构造的一系列理论系统，技术是人类操纵、利用和改造自然的实践手段，科学属于社会的意识形态领域，而技术可以直接作为生产力。就科学与技术的发展规律来看，理论科学是技术发明的基础，理论科学发现知识，技术发明应用知识。不可否认的是，今天的科学和技术已经渗透到社会生活的各个方面，科学和技术也越来越被一种权威所整合，这种权威就是知识，科学解决的是未知问题，其本质在于求真；科学作为一种知识体系，其直接功效在于解释、说明和指导技术发明，如果没有科学，就无法取得技术上的进步。然而，审视当下有关高校科研评价体系发现，无论是评价指标体系，还是评价指标权重系统，抑或是评价标准体系，均明显呈现出重技术发明、轻科学原创的态势，以及发现知识与应用知识相脱节的情形。

（五）教育价值缺失

高校科研大致有发现的、综合的、应用的和教学的四种科研类型，具有学术价值、教育价值、人文价值、经济价值、社会价值等，其核心价值是教育价值。从当前现实看，高校科研评价体系通常忽视了高校科研的教育价值。也就是说，已有高校科研评价缺乏对科研所含教育价值的考虑，忽视了高校科研的教育性，割裂了科学研究与人才培养之间的联系。现有科研评价指标普遍包括科研投入、科研性能、科研成果以及科研影响力等，这样本应无可厚非。不过，由于高校的根本属性是学校，因而高校科研与科研院（所）及其他企事业单位等科研部门的科研有着一个鲜明的区别，即高校科研不能忽视教育价值。由于教育价值在高校科研评价体系中主要表现为人才培养，因而在高校科研指标体系中不能缺失有关人才培养的指标。从当前我国已有高校科研评价体系看，罕见人才培养这一具有高校科研特色的指标，正因如此，高校科研促进人才培养的义务被淡忘，进而使得高校科研的教育价值缺失。

四、高校科研评价体系价值取向存在问题的原因

（一）定位不当

高校科研评价具有针对高校的科研活动及其科研质量与水平进行监督、管理和改进的作用，它不仅是政府和科技主管部门监管与调控高校和高校科研的重要手段，而且是高校及其科研人员反思自身和自我完善的重要举措。高校科研评价应该是高校提升自身科研质量与水平的实践活动。已有高校科

研评价体系中存在上述一系列价值取向问题，多是由对评价职能的定位不当造成的，主要表现在以下几方面：

（1）将高校科研评价仅作为管理的手段或工具。从性质层面上讲，高校科研评价的确可以被视为一种手段或者工具。其主要原因在于：通过对高校科研进行评价，建立良好的信息反馈系统，明显能够提高管理水平。对于国家和政府而言，该系统反映了科研发展是否适应社会政治经济发展，是否满足科学发展、技术创新的目的；对企业而言，该系统帮助企业了解了科研成果的开发价值及其未来可能带来的经济效益；对高校而言，该系统为之提供了来自社会政治、经济领域的信息以及学术价值的衡量；对科研人员而言，该系统为科研人员自身科研水平、科研质量的改进提供了参考依据。尽管如此，高校科研评价也不能单一地被视为一种管理手段或工具，这是由高校科研的教育价值决定的。

在我国，决策者往往处于评价活动的支配地位，高校科研评价对决策者而言，是满足其决策需要的认知与咨询工具，这种职能定位决定了高校科研评价体系的价值选择必然执行的是工具（手段）价值的职能。高校科研评价的管理价值代表了其作为管理手段的行为目的，代表了管理者的利益和价值要求。管理者需要通过高校科研评价手段引导高校及其科研人员（被评价人员）开展科研活动，以实现其管理的职能目标；同时，通过高校科研评价手段对科研资源的分配进行决策，以推动高校科研工作正常进行，提高高校科研工作的效率。然而，在以管理者或者政府主导的高校科研评价中，仅将高校科研评价作为管理的手段或工具的做法是需要改进的。

（2）高校科研评价忽视了价值的反思与导向作用。从行为层面上说，高校科研评价是一种价值行为。评价是为了改进，高校科研评价的目的是促进高校科研质量与水平的不断提高，促进高校科研的良性发展和科研人才培养水平的全面提高。高校科研评价具有反思机制，可以促使评价主体不断反省和思考高校科研过程中出现的问题，继而促使高校科研质量与水平进一步提高。高校科研评价无法脱离一定的价值取向，是一种有价值意义的"手段性行为"。从高校科研评价的目的价值与工具价值来说，它具有两重价值属性。高校科研的目的价值，主要是指高校科研评价所选择的、所追求的，并在评价中所体现的价值内容，它代表着高校科研评价活动所寻求的一种理想目标。目的价值既是高校科研评价活动的出发点，又是其落脚点，代表了高校科研评价的本质。高校科研的工具价值，主要是指高校科研评价是不以人的意志为转移的，高校科研评价过程中的每一个环节都必须遵循一定的原则和程序，高校科研评价工具价值的确认和实现，是高校科研评价价值内容的价值形式，具有中介性和工具性的意味。

总之，高校科研评价体系的职能定位不当是其价值取向出现偏差的重要原因。评价应该是高校正常科研活动的一部分，管理控制是第二位的。评价的最终目的是为科学研究提供动力。在评价时，评价人员既要充分考虑高校科研活动的特征和目标，又要尽可能减少评价的负面效应，有限制地使用评价手段。

（二）认识不到位

评价是一定的评价主体对相应的评价客体进行价值判断的活动，评价的价值取向受评价主体的影响很大。高校科研评价的价值取向无法脱离高校科研评价主体而存在，其价值取向显然与高校评价主体有关。

（1）从评价主体的地位与作用上看，高校科研评价主体在高校科研评价体系的构建过程中普遍缺位。高校科研评价的主体具有多元性，忽视对评价主体不同价值取向特征的认识和比较，忽视对不同价值取向中合理成分的吸收和利用，会造成高校科研评价价值取向出现偏差。伴随高校科研评价工作的不断开展，社会各界对其过程中出现的疑问与批评不断，对高校科研质量与水平的看法与高校科研评价结果之间存在巨大的反差。比如，社会公众普遍认为高校科研中存在着大量低水平、粗制滥造甚至假冒的科研成果，但高校科研评价的结论普遍为优秀或良好，且相互之间缺乏区分度，因而这种高校科研评价结果无法得到社会的普遍认同。

（2）从评价主体认识水平的角度看，高校科研评价主体对高校科研评价体系的认识水平不高。正确的价值取向是建立在对客观事实或问题的科学认识的基础上的，由于人的有限理性，人无法对客观事实或问题做到全知全能。从评价主体的认识局限性上看，人具有利己的动机以及投机取巧、随机应变的机会主义行为倾向，导致个人收益与社会收益、个人成本与社会成本之间出现差额。与此相对应，高校科研评价主体的认识局限，必然导致高校科研评价体系价值取向出现偏差。

（3）从主观认识与客观事实之间的关系上看，高校科研评价主体对高校科研评价体系的认识不到位。一方面，当高校科研评价主体的主观认识与客观事实之间发生矛盾时，高校科研评价主体的认识偏差，必然会导致高校科研评价出现失真、失信、失效的情况。比如，高校科研成果能够为人们带来经济利益，在高校科研评价过程中，评价主体的价值取向局限于经济效益，只重视科研成果的转化，忽略了生态环境利益、人才培养效益以及社会效益等，造成了个人价值与社会价值之间的冲突，以及科学研究与人才培养之间脱节等问题。另一方面，如果高校科研评价体系的价值取向是建立在虚假的、错误的认识上，高校科研评价就会反映虚假、错误的高校科研活动的事实和因果关系。例如，如果认为被 SCI、EI、SSCI、CSSCI 等收录或检索的论文数、取得的专利数、科研成果获奖数、论文的引用率等要素可以代表高校科研质量与水平，那么高校科研必然会陷入低水平重复、缺乏原创性研究等困境之中。

（三）社会历史原因

价值取向对高校科研评价起引导作用，对高校科研评价影响重大，由于价值取向是在一定社会历史条件下形成的，因而有必要探讨价值取向存在偏差的社会历史原因。

（1）以工具理性为主导的定量评价导致高校科研评价体系的价值取向发生偏差。从评价方法上看，现行的科研评价方法多采用"指标量化"的方法，无论是针对高校的科研评价，还是高校针对本校科研人员的科研评价，评价人员都能制定出一套量化评价指标体系，并在评定之后，得出一个分数，分出不同等级。尽管这样的量化评价方法能够满足管理者的需求，但被评价人员往往难以认同评价结果。量化评价对统一的评价结论的追求，往往掩盖了一个事实，那就是评价人员对什么是有质量、有水平的高校科研的界定，高校科研评价人员及被评价人员针对这一概念尚未达成共识。

（2）高校科研评价体系的价值取向受社会普遍的科研评价制度所影响。无论哪个国家的科研评价制度，都会明显地影响其高校科研评价体系的价值取向。实际上，一个国家的高校科研评价制度在很大程度上体现了这个国家科研评价的价值观。例如，从我国科研评价现实看，国家科技进步奖要求科研成果是前人尚未发现或者尚未阐明、具有重大科学价值、得到国内外自然科学界公认的重大科学发现，这明显体现了我国对原创性科研成果的重视和鼓励。值得指出的是，我国当下的高校科研评价制度不够完善，在评价过程中，"人情风"等评价乱象依然存在。

（3）评价氛围影响着高校科研评价体系的价值取向。评价氛围是指，在一定组织范围内，由该组织共同体对评价活动的认识、态度、知识等形成的关于评价的文化氛围。例如，英国帝国理工学院在对科研人员进行绩效评价时，设置的主要指标有任期内研究活动水平，任期内出版物的数量和范围广度，研究和出版物的质量，争取研究经费的能力，吸引学生、研究助理和职工的能力，寻找既具有创新性又具有可行性项目的能力，设计与管理项目的能力，领导与管理队伍的能力，具体项目与任务的按时完成率，同行的评价（如学术会议邀请报告、对研讨会的贡献和外部评审等），对科学咨询的贡献，来自研究结果的实际报酬（如专利等）。从这些指标可以看出，帝国理工学院形成了不仅重视科研成果，而且重视科研能力和学术影响力的评价氛围。

（4）高校科研评价结果的运用影响着高校科研评价的价值取向。例如，政府根据高校科研评价的结果，对高校的科研项目申报、科研经费审批等科研资源进行分配，会直接影响到高校科研评价体系的价值取向。

五、高校科研评价体系价值取向的应然思考

（一）构建高校科研评价体系价值取向的原则

1.目的价值与工具价值的统一

从逻辑上讲，在高校科研评价体系中，目的价值与工具价值之间不应该存在断裂。不可能存在价值无涉的纯粹的工具价值，也不可能存在完全抛弃工具价值的纯粹的目的价值。作为高校科研评价体系价值取向的两极，工具价值一定要发展到目的价值，同时目的价值必定要在工具价值的基础上得以实现。

高校科研评价体系的应然价值取向必须在目的价值和工具价值之间取得平衡，在尊重工具价值的同时，更加重视高校科研评价的目的价值。科学将在价值观上发展，必须包括价值观念，必须摆脱定量化的要求，不能定量化的科学模式也应看作有效的模式。高校科研评价的价值取向必须有效地整合目的价值与工具价值，避免价值取向上的单一性、片面性与畸形化。

2.社会价值与个人价值的统一

高校科研评价体系是一个有机整体，在这样的一个整体中，各个组成部分之间是相互联系、相互作用的。高校科研评价体系价值取向必须使高校科研的社会价值和个人价值有效统一，不能仅重视个人价值而忽视社会价值，不能"只见树木，不见森林"。高校科研评价体系价值取向应该坚持社会价值和个人价值的有机统一，这种价值取向的有机统一，事关不同类型高等教育主体在招生、教学等方面的公平竞争。因此，在高校科研评价中，必须平等地发展人的主体性，激发人的自我创造、自我完善的潜能，同时兼顾他人、

集体和社会的利益。总之，高校科研评价体系的价值取向需要遵循社会价值和个人价值的统一原则，寻求个人价值与社会价值的最佳结合点。

3.高校科研自身规律与社会需要的统一

科学的本质在于求真，其本质上是自由的。科研人员从事科学研究，源于"闲逸的好奇"，探索自己感兴趣的或者自认为有价值的课题，具有自由探索的特性，这是由科学的本质特点决定的。科学源于人们的困惑、好奇和兴趣，其动力在于人们具有解除困惑的精神需求。科学在起源上是自由的，在其后来的发展上也有着明显的自由探索的特性。遗憾的是，功利主义的价值取向用科学能否带来即时或明显的物质利益去衡量科学研究是否有价值、是否可以开展。它对能符合其价值标准的科学研究进行肯定、鼓励和大力支持，这类科学就能获得相应的快速发展；相反，如果科学研究不能满足其价值要求，就会受到排斥、歧视，并失去相应的支持，这类科学研究就不能得到应有的发展。科学的发展既得益于外部的功利性的激发和推动，又得益于内部科学精神的激励。科学研究应该是自由的，人们应该有自由选择科研课题的权利，这符合科学发展的规律性要求。但功利性的价值取向使得部分科研人员屈从于人们对科学即时、现实、物质的价值追求，拘泥于科学共同体、社会和国家的既定规范的要求，科学研究的自由性受到严重影响。不言而喻，高校科研评价体系的价值取向需要在尊重高校科研自身规律的同时，重视社会需要，实现科研自身规律和社会需要的统一。

4.科学研究与人才培养的统一

高校的科学研究不能完全离开人才培养这个根本。只有这样，才能使高校科研与人才培养的目标定位一致。再者，高校科研对学校专业建设具有引导作用，对专业教育具有促进作用，对青年教师具有培养作用；高校科研是培养学生创造力的源泉，是培养学生科研意识的动力，是对学生进行思想教育的重要阵地；高校科研可以促进教学内容更新，促进教师的教学质量提高，促进学生的社会实践能力提高，促进科研与教学的融合。所以，我们需要充分认识高校科研育人的本质特征，高度重视高校科研育人功能，强化以人才培养为导向的高校科研评价体系的价值取向。在衡量科学研究的贡献时不能仅仅依靠那些以出版物的形式体现的外显知识，也必须充分重视无形的产出，包括创新人才的培养，研究人员与组织创新能力的提升。高校科研评价体系的应然价值取向必须遵循科学研究与人才培养统一的原则。

（二）构建高校科研评价体系的应然价值取向

当今时代，高校科研评价体系究竟应该确立怎样的价值取向？依据高校科研工作的特点，以及高校科研评价体系价值取向的构建原则和高校科研评价应有的功能，笔者认为，在构建高校科研评价体系时，应该坚持以下价值取向：

1.注重原创，探求未知

科研评价是一种手段，其价值取向是一根"指挥棒"。高校科研评价这根"指挥棒"首先应该引导高校科研工作者注重原创、探求未知。

高等学校作为高深知识的殿堂，无论在西方还是在东方，都无一例外地以忠实、客观地追求高深知识或高深学问为指向，一直遵循的是以学术为中心的价值取向。在这样的价值取向下，不管市场、商品、利益如何冲击，学者们都始终坚守学术的圣土，追求纯粹的学术价值。这成为全社会思想的先导、知识的源泉，其影响社会的力量远远超越了物质和金钱的力量。19世纪以来，西方发达国家的高校科研逐步改变了单纯追求学术价值的态度，倾向于以更为全面的观点综合考虑自身对社会的责任；高校不仅重视教学和科研方面的追求，而且开始强化自身的社会服务职能。这种变化虽然值得肯定，但是由于高校追求的主要是社会长远利益和人类整体利益，与社会现实之间应该保持必要的距离，即高校的科研应该反映所处社会的时代精神、联系所在地区的实际，但同时必须坚持高校的内在逻辑，超越社会现实生活的局限性和功利性。因此，注重原创和探求未知的责任不能被丢弃和忘却。

当今国际科技竞争日趋激烈，全球经济发展已进入活跃的创新阶段。此阶段，国力的竞争主要是创新能力的竞争，而科技竞争已经从技术层面前移到基础研究，且竞争的焦点正日益向知识、人才和机制创新等科技创新的核心要素聚集。在国家科技创新体系中，高等学校是我国科技创新的主力军，理应主动积极承担科研任务，特别是承担国家重大专项。高校应以基础研究和自由探索为主，基础研究是高校科研的传统和长项，科研院（所）等科研机构应以应用研究为主，企事业单位则应以应用研究和开发研究为主，以此构成一个各有侧重、分工明确、相对稳定又相互协作的科技创新体系。因此，我国应出台相关政策，引导高校准确定位，以基础研究和自由探索为主。只有这样，才能有效端正高校教师的科研动机，助推高校科研创新，促进高校科研可持续发展。

2.创新技术，服务社会

科研的终极目标是为经济和社会发展服务。在科学技术是第一生产力的当今时代，提高解决关系国家发展战略的重大科学问题和关键技术问题的能力，支撑经济发展方式的转变，推进产业结构战略性调整，已成为当前十分重大而紧迫的任务。在这种形势下，一方面，高校应积极主动发挥自身在人才、条件和基础研究方面的优势，积极开展科技攻关，履行创新技术、服务社会的职能；另一方面，社会和政府也应通过相应的评价机制引导高校面向社会需要、创新技术、尽力服务社会。可见，创新技术、服务社会理应是构建高校科研评价体系时坚持的价值取向之一。

3.科教融合，协同育人

科教融合，一方面是指科学研究与教学研究相融合，另一方面是指科学研究要为促进教学提供服务；协同育人，是指科学研究与教学活动共同培育人才。南斯拉夫著名高等教育家德拉高尔朱布·纳伊曼在其《世界高等教育的探讨》一书中曾经指出："人们常常指责大学对一切都进行研究，而就是不研究自己。"事实表明，当今高校确实很少研究自己，忘记了自己的根本职能是培育人才，忽视了自身科研的育人功能。在科研活动中，高校忘记了自身的科研工作与科研院（所）及企事业单位的科研部门所开展的科研工作之间的差别。毋庸争辩，虽然高校科研与科研院（所）、企事业单位的科研部门所开展的科研有许多相似之处，但高校科研必须具有育人性，这是高校科研与其他科研最大的区别。之所以有这种不同，其主要原因在于：首先，高校科研源于人才培养，前洪堡时期，大学的主要职能是传授知识，即人才培养，科研活动隐含于教学之中。洪堡时期，柏林大学将科研正式纳入大学的职能，并明确提出"科研与教学相统一的原则"，即教学中有科研，科研中有教学。由此可见，高校科研的育人导向是高校科研与生俱来的。其次，高校的根本任务是人才培养，科研不能置身其外。人才培养始终是高校的根本任务。尽管高校科研也要讲究科研成果与科研产出，但它不能脱离人才培养这个中心，不能脱离人才培养这根主线。最后，高校教师是高校科研的主体，如果他们所从事的科研活动完全脱离了培育学生这一高校的根本使命，就意味着他们没有履行一个教师最起码的育人义务。显而易见，高校科研不能完全离开人才培养这个中心，促进人才培养是高校科研义不容辞的责任。高校应该明白，尽管自己有时也会承担一些纯科学类的研究，尽管自己不是在每一项科研活动的每一环节中都要体现科研育人（培养学生）的使命，但总体上应该牢记自己的根本使命是育人，在科研过程中，尽可能做到以研促教，以培育学生为根本使命。为此，应通过科研评价引导高校注重加强对自身的反思与检讨、总结与研究，注重科教融合。

第七章　高校科研评价体系的
构建依据及措施

为了构建科学、合理、有效的高校科研评价体系，有必要先对当下高校科研评价体系的构建依据进行深入研究。此外，本章还探讨了高校科研评价体系的构建措施。

第一节　高校科研评价体系的构建依据

一、构建高校科研评价体系的内容依据

（一）教育理论层面的依据

理论是实践的指南，与构建高校科研评价体系这一实践密切相关的理论主要来自高等教育学、高等教育管理学、教育评价学、教育测量学、教育统计学、教育经济学等学科及已有相关研究成果。全面审视已有相关理论可知，它们对构建高校科研评价体系实践的指导集中体现于以下十大原则：

一是针对性原则。任何一套评价体系都是针对一定评价对象的某方面本质特征（或本质属性）而言的，这些本质特征或本质属性就是评价的目标。评价指标是根据评价的目标，由评价指标的设计者分解出来的，能够反映评

价对象某方面本质特征的具体化、行为化的主要因素。指标是目标的具体化和操作化，是操作化了的目标。任何一套评价指标体系都是根据评价的目标逐步分解而来的，都是围绕一定评价对象的某方面本质特征而设计的，具有明显的针对性。指标权重，也叫指标权数，是反映各项指标在评价指标体系中重要程度的量数。根据评价对象的情况，适当地调整某些指标的权数，就能引导人们重视工作中的某些薄弱环节，便于人们在工作中抓重点、抓关键。评价标准是评价一定评价对象的某方面实际达到相应指标程度的具体要求，反映评价指标体系中相应末级指标对应评价项目的状况，清晰指明一定评价对象某方面的优劣水平及努力方向。不言而喻，在构建高校科研评价体系时，无论是拟定相应的评价指标，还是拟定各项评价指标的权重，抑或是拟定各项评价标准，都应具有一定的针对性。

二是指导性原则。毋庸置疑，任何一套评价体系的各级指标及其相应权重和评价标准都是针对一定评价目标而拟定的。拟定相应的指标、权重及评价标准，既是为了判断一定评价对象某方面本质特征的价值，也是为了引导一定的人群朝向某一方向发展。可见，评价体系具有明确的定向指导作用。针对高校科研构建评价体系，既是为了评价高校科研的状况，也是为了给高校师生员工指明具体的奋斗目标。显然，在构建高校科研评价体系时，务必把握好评价体系的指导作用，千万不能随意拟定指标、权重及评价标准。

三是公平性原则。由于评价具有价值判断的作用，因而评价体系的指标体系、权重系统及评价标准不同，最终得出的有关评价对象某方面本质特征的价值判断就会有区别。由此可见，评价体系的指标及其权重和评价标准是否能够被科学合理地拟定，直接关系到评价结果的公平与否。为此，在拟订高校科研评价体系的指标、权重及评价标准时，务必充分考虑不同类型、不同层次高校的特殊性，针对不同类型、不同层次的高校，设计具有相对弹性的指标、权重及评价标准，以尽量保证评价结果的公平。比如，为了公平地评价研究型高校和教学型高校的科研状况，在构建高校科研评价体系时，可以设计一定数量的弹性指标，有差别地评价研究型高校和教学型高校，还可以针对研究型高校和教学型高校，对同一指标尤其是同一末级指标有差别地设定不同的权重，甚至可以针对研究型高校和教学型高校，对同一末级指标拟定有差别的评价标准。

四是客观性原则。主观性的存在，无疑会降低评价结果的信度与效度。为了保证评价结果具有较高的信度与效度，在构建评价体系时，务必保证评价体系的指标及其权重和评价标准，尽可能客观反映一定评价对象的本质特征。为此，在构建高校科研评价体系时，应尽可能从当下高校的客观实际出发，在广泛、充分调研的基础上，实事求是地拟定相应的指标、权重和评价标准。

五是统一性原则。一般来说，评价指标体系是通过逐级分解评价目标而来的。尽管评价指标之间具有一定的层级性，但它们最终都是指向同一评价目标的。为此，在构建高校科研评价指标体系时，要确保指标内涵的一致性，确保评价指标与评价对象或评价目标的一致性，确保下一层级的评价指标与上一层级的评价指标（评价对象或评价目标）保持一致。

六是科学性原则。所谓科学性原则，是指在构建高校科研评价体系的过程中，既要以一定的科学理论作指导，又要以一定的科学思维方法着手实施，确保评价体系具有较高的信度与效度。具体来说，拟定高校科研评价体系的指标及其权重和评价标准的各个环节，都应符合科学要求，力求指标及其权重和评价标准能反映教育方针与教育政策，能反映高等教育的基本规律与高校科研的本质特征，能反映高等教育的客观现实与高校科研的客观实际。此外，务必确保评价指标体系中各项指标之间不相互矛盾，同一层级上的指标之间相互独立、互不包含，下一层级指标能完整地反映上一层级指标，整个指标体系能完整地反映总体评价目标或评价对象。

七是可行性原则。评价体系是一种价值判断的工具，其自身的价值直接体现在评价实践活动中。显然，某种评价体系在评价实践中是否可行或可行性程度的大小，不仅直接关系到该种评价体系自身价值的有无或自身价值的大小，而且直接关系到相应评价结果的有效性或合理性。为此，在构建高校科研评价体系时，一方面应力求评价体系的指标及其权重和评价标准具体、可测、明确、简洁，并能为被评价人员所理解和接受；另一方面应尽量少用甚至不用抽象的数学模型。

八是发展性原则。评价既是一种价值判断活动，又是一种反馈促进活动；构建评价体系，既是为了判断一定评价对象或一定评价对象的某一方面的本质特征的价值，也是为了激励一定评价对象更有针对性地发展。为此，在构建高校科研评价体系时，既应关注指标及其权重和评价标准对高校科研状况的评判作用，也应关注指标及其权重和评价标准对高校科研的促进作用，确保最终构建的评价体系不仅能够科学、合理地评价高校的科研状况，而且能够科学、合理地促进高校科研事业可持续发展。

九是基础性原则。从理论上讲，高校科研是不考虑其工作是否有间接或直接的用处的。科研首先是针对知识本身的，是为了发展知识，而不是为了利用知识。衡量高校科研的尺度是认识上的进步、方法和结果的真实性和可检验性。可见，在构建高校科研评价体系时，务必将基础研究成果作为评价高校科研状况的一项重要评价指标，同时加大高校基础研究成果评价指标的权重，以此鼓励高校开展基础研究，促进高校科研回归应有的本位，并承担应有的发现知识与创新知识的使命。

十是教学性原则。高校是培养高层次人才的场所，尽管科学研究也是高校的一项基本职能，但从高校的性质看，人才培养乃高校的根本职能。高校科研应立足于培养人才，尤其是培养具有创新思维与创新能力的高层次人才。为此，高校科研应与教学相结合，为培养高层次人才服务。高校教师不应该为了科研而科研，而应该通过科研这种渠道或方式，一方面将科研取得的新成果转变成教学内容，将大学生带到学科发展前沿；另一方面吸纳大学生直接参与科研，加快实现科研育人的愿望。高校科研的理想状态应是既能推动学科体系的发展，又能促进学生思维的发展，这本是高校科研的显著特点，也是高校科研的主要优势，即科研"驱动力"上的优势。显然，在构建高校科研评价体系时，务必从指标及其权重和评价标准三个层面突出高校科研在教学方面的贡献。

(二) 教育实践层面的依据

综观国内外有关高校科研评价实践发现，尽管迄今尚无公认的高校科研评价体系，但国内外都存在评价一般科研或评价高校科研的多种评价体系。比如，国家自然科学奖评价指标体系，国家最高科学技术奖评价指标体系，国家技术发明奖评价指标体系，国家科学技术进步奖（技术开发项目）评价指标体系，国家科学技术进步奖（社会公益项目）评价指标体系，国家科学技术进步奖（国家安全项目）评价指标体系，国家科学技术进步奖（重大工程项目）评价指标体系，国家科学技术进步奖（科普项目）评价指标体系，中华人民共和国国际科学技术合作奖评价指标体系，国家 973 计划项目中期评估评议表及国家 973 计划项目验收评价体系，武书连中国大学排名指标体系，等等。此外，还有我国各所高校自行制定的有关科研的评价体系。尤值一提的是，除了上述国家或集体层面制定的有关科研评价体系外，还有学者研制的有关科研或高校科研的评价体系。比如：周文泳等从科研管理的视角构建了支持改进的科研质量评价模型及其构成要素；马哲伟从我国高校实际出发，对高校科研项目、重点实验室、工程技术研究中心、中小企业服务中心、大学科技园、人文社会科学重点研究基地、产学研合作、科研成果、学报成果、科研队伍、大学生科研能力、科研经费、科研水平等评估的意义（作用）、原则、内容、程序和方法逐一进行了阐述并构建了相应的评价指标体系。审视以上所述评价体系，笔者认为，虽然它们各自存在不同程度的局限性，但它们都接受过评价实践的检验且被证明具有一定的科学性、合理性与可行性。显然，在构建高校科研评价体系时，一方面可以借鉴或吸收国内外现行的一般科研评价体系中合理性的指标及其权重与评价标准；另一方面可以借鉴或吸收国内外现行的高校科研评价体系中合理性的指标及其权重与评价标准。

（三）教育政策层面的依据

从高校与政策的关系看，我国高校的发展历来都为教育政策所制约。所谓教育政策，是指在一定的历史时期，国家或政府等权力机关或政党组织等政治团体，为了全面提升教育质量而以语言文字等表述形式对教育目标、教育资源、教育权利、教育机会、教育制度等做出的相应规定。

近年来，随着高校科研的价值及贡献日渐凸显，政府对高校科研的投入持续增加，与此同时，为了从高校科研活动中获得更大的收益与回报，政府通过教育政策的形式对高校科研成效提出了直接或间接的要求。有关教育政策对高校科研成效提出的要求，其实就是构建高校科研评价体系时的重要依据。在构建高校科研评价体系时，无论是指标的拟定，还是权重的拟定，都应凸显高校在基础研究、高新技术研究、教学研究、学科建设研究及产学研一体化研究等方面的科研质量与科研创新水平。例如，《关于改进科学技术评价工作的决定》指出：科学技术评价要根据不同层次、不同类型科学技术活动的特点，确定不同的评价目标、内容和标准；要重点评价具有代表性的突出成绩和典型事件；科技产业化的评价以产品的技术先进性和创新性及其未来的产业化水平和发展前景为主要评价标准；科技评奖应以是否具有重大科技创新、重大技术进步，阐明自然现象、特征和规律，做出重大科学发现，以及在相应领域、学科内产生影响等实质性的价值标准作为重要指标；不能仅看 SCI、EI 等收录的论文数量，要注重评价科学论文的质量，强调论文的被引用情况，并根据不同学科领域区别对待，避免绝对化；加强科学道德建设，反对任何形式的学术不端行为。为此，在构建高校科研评价体系时，务必设计某些指标并以不同权重体现不同层次、不同类型高校的科研特点；将高校科研领域中的代表性成果及典型业绩纳入高校科研评价体系之中，并适当增加其相应指标的权重；科技成果转化方面的指标应以产品的技术先进性、创新性及发展前景为主，并适当增加相应指标的权重；在科技成果奖项评价上，应突出科技成果在重大科技创新、重大技术进步、基础理论积淀、重大科学发现及相应学科和社会领域中的重大影响等方面的指标及其权重；应将 SCI、EI 等数据库收录的论文纳入高校科研评价体系之中，要关注其数量指标，更要关注其质量指标，还要在相应指标及其权重上反映所有论文的引用与转载情况；将科研诚信、科研品格等科研伦理纳入高校科研评价考核中来，并以相应的指标及权重反映高校的科研伦理素质。

又如，教育部《关于进一步改进高等学校哲学社会科学研究评价的意见》强调：哲学社会科学研究评价要牢固树立科学的质量观，正确把握数量和质量的辩证关系；大力推进优秀成果和代表作评价；坚持价值性与科学性、民族性与国际性、继承性与创新性、政治性与学术性的统一；把是否发现新问题、运用新方法、使用新资料、提出新观点、构建新理论、形成新对策等作为评判研究成果质量高低的主要指标；充分尊重研究成果所有参与者的实际贡献；正确认识 SCI、SSCI、A&HCI、CSSCI 等引文数据在科研评价中的作用，避免绝对化；摒弃简单以出版社和刊物的不同判断研究成果质量的做法；针对论文、著作、教材、研究报告、普及读物、非纸质出版物等不同形式的研究成果建立分类评价标准体系；用不同的标准评价不同类型的研究成果；基础研究要在思想理论上有所创新、传承文明上有所贡献、学科建设上有所推动，应用对策研究要在提升国民素质上有所作为、解决经济社会发展重大问题上有所突破、为党和政府提供决策服务上有所建树；坚持定性评价与定量评价相结合。为此，在构建高校科研评价体系时，无论是指标的拟定，还是权重的设计，均应将这一政策中的相关意见作为依据。

教育部《关于深化高等学校科技评价改革的意见》提到：高校科技评价中重数量轻质量、重形式轻内容、重短期轻长远的现象依然存在；评价指标单一化、评价标准定量化、评价方法简单化、评价结果功利化等倾向没有得到根本扭转；分类评价实施不到位，对科技成果转化、科学普及等工作激励不足，科技支撑教学和创新人才培养的导向不够；开放评价、长效评价机制不够健全。深化科技评价改革的指导原则是：鼓励创新，服务需求，科教结合，特色发展。深化科技评价改革的目标是：根据不同类型科技活动特点，建立导向明确、激励约束并重的分类评价标准和开放评价方法，营造潜心治学、追求真理的创新文化氛围。在国家持续投入经费，科研条件大幅改善的前提下，通过营造宽松的学术环境、倡导自由科学精神，进一步提升高校科技四个能力：着力提升基础研究和前沿技术研究的原始创新能力，关键共性技术的有效供给能力，支撑高质量创新人才培养的能力，服务国家和区域经济社会发展战略需求的能力。可见，以质量和创新为导向，突出科教融合的理念，注重基础研究和前沿技术研究，注重科研团队评价，注重分类评价，注重定量和定性相结合，注重科研过程与科研条件的评价，注重科研成果的转化等，都是在构建高校科研评价体系时应该遵循的依据。

此外，国务院在《统筹推进世界一流大学和一流学科建设总体方案》中明确提出：高校要以国家重大需求为导向，提升高水平科学研究能力；健全科研机制，开展协同创新，优化资源配置，提高科技创新能力；打造一批具有中国特色和世界影响的新型高校智库，提高服务国家决策的能力；建立健全具有中国特色、中国风格、中国气派的哲学社会科学学术评价和学术标准体系；促进高校学科、人才、科研与产业互动，打通基础研究、应用开发、成果转移与产业化链条，推动健全市场导向、社会资本参与、多要素深度融合的成果应用转化机制。显然，在构建高校科研评价体系过程中，坚持以质量和创新为取向，立足国情，注重科研产出，重视科研成果的转化等，都是应该遵循的依据。

二、构建高校科研评价体系的方法依据

综观国内外有关评价体系（包括评估体系、评价或评估指标体系、评价或评估方案）的研究成果，不难发现，尽管不同类型的评价体系因其评价对象与评价目标的不同，而有不同的指标体系及权重系统与评价标准体系，但是从其构建的方法上看基本一致。不难推断，这些基本一致的构建方法必定

能够用来指导高校科研评价体系的构建。也就是说，已有评价体系的构建方法可作为构建高校科研评价体系时在方法层面的依据。具体而言，这一方法层面的依据主要体现在如下十大关键环节上：

（一）明确评价目的

评价体系是指出于评价某种事物的目的与需要，在对该事物的本质特征进行广泛调查与深入研讨的基础上，抽取其中具有典型性的本质特征而制定的一套适用于一定范围内的评判依据。显然，任何评价体系都是基于一定的评价目的而构建的。不言而喻，明确评价目的是构建高校科研评价体系的首要环节。

（二）明确评价对象

评价对象亦称评价目标，是评价的客体。明确评价对象，是解决评价什么或评价谁的问题。评价体系是用来评价一定评价对象某方面本质特征的价值的，因而评价体系必然围绕评价对象构建而成。可见，明确评价对象是构建评价体系的前提与基础，评价对象越明确，构建评价体系也越容易。对于高校科研评价体系来说，其评价对象理应是高校科研。显然，要想构建一套科学、合理的高校科研评价体系，必先明确高校科研的内涵与外延。

（三）初拟评价指标

评价指标是根据构建评价标准的目的，以评价对象为目标并逐层分解评价对象，用来反映评价对象某方面本质特征的具体化、行为化的主要因素。评价指标是对评价对象的某方面本质特征进行价值判断的依据。其中，每一个指标只能反映评价对象的某个局部特征，指标体系（按评价对象本身的逻辑结构，将处于各层级的全部指标进行排列所得到的指标集合）才能反映评价对象某方面的总体特征。值得一提的是，评价对象的内涵通常比较复杂，需要多层级分解才能使最后分解出来的指标（末级指标）能够被测量。一般来说，指标体系分解到第三级就够了。根据构建评价体系的目的，可将评价对象分解为多种类型的指标。比如，可以根据高校科研成果类别的不同，分别将相应指标归为硬指标和软指标。所谓硬指标，是指达标要求是固定而精确的，如获奖情况、项目情况、专著及论文的数量等；所谓软指标，是指达标要求伸缩性较大、相对模糊，如科研成果产生的社会效益。当然，还可根据评价指标本身的特点将它们分别归为条件性指标、过程性指标及效果类指标。

初拟各层级评价指标的方法通常有因素分析法、理论推演法、头脑风暴法和专家咨询法。其中，因素分析法是一种逐级分解评价对象，并将分解出来的主要因素作为初拟指标的方法；理论推演法是一种根据有关学科的理论推演具体评价指标的方法；头脑风暴法是一种在不受他人干扰的情况下，根据个人见解提出评价指标的方法，或者多个人在智力碰撞的基础上，因激发智慧灵感而提出评价指标的方法；专家咨询法是一种在征询专家意见的基础上初拟指标的方法。在构建高校科研评价体系时，可以综合运用以上几种初拟指标的方法。

（四）筛选评价指标

一般来说，初拟指标还需要进一步筛选，方能作为评价指标体系的一部分。其原因主要有二：其一，在各层级初拟指标中，有的初拟指标能反映评价对象的本质，有的初拟指标则并非如此；其二，有些初拟指标之间出现了重复、矛盾及因果关系，理应进行归类、合并或舍弃。

筛选多层级初拟指标的方法主要有经验法、专家会议法和调查统计法等。其中，经验法是指评价指标的设计者根据自己的学识水平与工作经验筛选初拟指标的方法；专家会议法是指相关专家在集体探讨的基础上筛选初拟指标的方法；调查统计法是指在调查统计的基础上筛选初拟指标的方法。这三种筛选指标的方法各有优缺点，在构建高校科研评价体系时，可以将它们结合起来。

（五）确定指标权重

指标权重常用小数、整数或百分数等形式表示。对于多层级评价指标体系来说，应针对每项评价指标分配权重，以确定其相对重要性的程度。不过，值得指出的是，有时为了方便表达，可在一套评价体系中仅列出末级指标的权重。研究表明，根据评价对象的历史条件和环境条件，适当地调整一些指标的权重，可以使人们在工作中区分主次、轻重缓急，集中精力抓好主要工作。为此，在拟订高校科研评价体系中相关指标的权重时，可以适当增大或减小某些指标的权重，以此促进高校科研质量与水平的提升。

确定指标权重的方法主要有关键特征调查法、两两比较法、专家评判平均法和倍数比较法等。其中，关键特征调查法是指，先请被调查者从所提供的初拟指标中找出最关键、最有特征的指标，再对指标进行筛选并求出其权重的方法，这种方法其实可以作为筛选指标的方法；两两比较法是指，先对指标进行逐对比较，并加以评分，重要者记 1 分，次重要者记 0 分，然后分别计算各项指标得分之和，再除以所有指标得分的总和；专家评判平均法是指，先分别请专家评判其权重，然后以专家评判结果的平均数作为各指标权重；倍数比较法是指，先对已确定的指标，以每一级指标中重要性程度最小的指标为基础，记为 1，然后将其他指标与它相比，做出重要性程度是它多少倍的判断，再经归一化处理，即获得该级各指标权重。

（六）设计评价标准

此处所说的评价标准是指，针对一定评价对象某方面的本质特征提出的标准。具体来说，此处的评价标准是指针对每项评价指标的分类做出具体规定，提出具体要求和说明。它是衡量评价对象达到评价指标要求的尺度，对什么是好、什么是较好、什么是一般、什么是差等做出明确具体的描述和规定。一般来说，评价标准可分为效能标准、职责标准和素质标准。其中，效能标准是关于工作效果和效率的评价标准，职责标准是关于承担职责或任务的评价标准，素质标准是关于应备条件的评价标准。在构建高校科研评价体系时，应该针对每项指标所反映的具体内容设计相应的评价标准。

（七）设定评价标度与等级

评价标度简称标度，是指评价对象某方面本质特征达到标准的程度。标度既可以用描述性的语言表示，又可以用量化形式表示。设定标度是为了说明什么样的程度属于什么等级。为了精确评价一定对象的某方面本质特征，通常将评价标准设定为多个等级。关于设定等级的数量，心理学研究表明，评价标准的等级一般以 3～5 个为宜。当然，到底设定多少等级，还得依据具体实际来确定。

（八）检验评价体系的信度和效度

从评价体系的性质与作用看，评价体系可以看成一套量表。与一般量表需要检验其信度和效度一样，对初步构建的评价体系必须检验其信度和效度，信度和效度是衡量评价体系质量的重要尺度。由此可见，对构建而成的高校科研评价体系，必须检验其信度和效度。

（九）完善评价体系

毋庸置疑，如同所有初步构建而成的评价体系，初步构建而成的高校科研评价体系不一定符合当下实际，需要进一步征询意见及在实践中加以试测、验证、修改，并在此基础上逐步完善。比如，在几所典型高校中使用初步构建的高校科研评价体系，看其是否能够客观公正地评判并反映这几所高校的科研状况。

（十）编制评价表

评价表是指以表格形式将评价体系中各层级评价指标、各项指标权重及评价标准（含评价标度与等级）等内容直观显示出来的一种表格。为方便使用，评价表中往往还专设一栏"评价结果"，其目的是供评价人员填写各项评价指标的得分或等级。同理，为方便使用，最后还需要将完善后的高校科研评价体系编制成高校科研评价表。

三、构建高校科研评价体系的理论依据

（一）系统理论

系统是指同类事物按一定的关系组成的整体，构成系统的同类事物（各个要素）之间相互联系、相互作用，从而使系统具有一定的结构与功能。系统与构成系统的各个要素之间是整体与部分的关系，它们亦相互依存、共同作用。其主要表现为：一方面，系统对其各个构成要素具有支配性，即系统的本质属性与特有功能制约着各个构成要素的属性与功能；另一方面，系统对其各个构成要素具有依赖性，即各个构成要素是系统存在的基础，各个要素的变化必然会引发系统的变化。值得指出的是，构成系统的各个要素对系统本身的重要程度是存在差别的，也就是说，有些要素对系统的组成结构与功能作用来说显得更重要些，而有些要素对系统的组成结构与功能作用来说显得更次要些，且各个构成要素之间本身还有层次之分，即有些构成要素还是由其他几种构成要素构成的。为此，在遴选评价指标时，应该运用系统的思维与方法，根据评价对象的属性、结构、功能及发展变化情况对相应指标予以取舍，提炼出主要的、决定性的指标。构成系统的各个要素不是杂乱无章地拼凑在一起，而是按照某种序列结构与理论逻辑组成一个相互作用的有机整体。系统的整体功能通过其各个构成要素的内在联系和作用方式体现出来，若各个构成要素在相互作用过程中具有合理的结构与良好的状态，则系统的功能在整体上就会得到充分发挥；若某个构成要素残缺，则整个系统会出现结构失调、时序倒置、机制紊乱、功能低下等问题，甚至整个系统会分崩离析。

高校科研评价体系是由高校科研条件评价体系、高校科研过程评价体系和高校科研成果评价体系组成的有机整体，是一个具有特定结构与功能的复杂系统。系统理论无疑可以为我们分析高校科研评价指标体系、评价指标权集和评价标准体系，以及指导高校科研评价指标体系、评价指标权集和评价标准体系构建提供理论基础。高校科研评价体系有什么样的系统结构，就必然表现出相应的系统功能。高校科研评价体系的结构规定、制约着高校科研评价体系功能的性质和水平，限制着高校科研评价体系功能的范围和大小。不言而喻，高校科研评价体系的结构与功能的系统原理，可以为我们认识和完善高校科研评价体系提供非常宝贵的理论和方法。

（二）利益相关者理论

利益相关者理论最早是由哈佛法学院学者梅里克·多德（E. Merrick Dodd）提出来的，在 20 世纪 60 年代左右逐步得到发展。20 世纪 90 年代之后，利益相关者理论逐渐获得应用与推广。该理论认为，由于利益要求不同，不同利益相关者对同一评价对象会产生不同的关注焦点，进而得出不同的结论，在管理过程中，管理者理应为综合平衡各个利益相关者的利益要求而进行管理活动。

利益相关者理论可以为我们构建高校科研评价体系提供理论支持。依据利益相关者理论，可将高校的利益相关者分为四类：一是主要的社会利益相关者，他们具备社会性和直接参与性，如高校教师、高校管理者；二是次要的社会利益相关者，他们通过社会性的活动与高校形成间接关系，如政府、科研院所等；三是主要的非社会利益相关者，他们对高校有直接的影响，但不作用于具体的人，如与高校所处的地理环境与人文环境直接相关的团体与个人等；四是次要的非社会利益相关者，他们与高校没有直接的联系，也不作用于具体的人，如社会中介评价组织、民间团体等。高校具有众多的利益相关者，不同的利益相关者，其关心的内容和侧重点有所不同，在选择特定的利益相关者作为高校科研评价主体时，应根据特定利益相关者的利益要求特点设计评价体系。

（三）3E 理论

高校科研评价体系是一个复杂的系统，且其中包含着诸多文化、政策及人类行为等软因素，因而可以借鉴软系统方法论（Soft System Methodology, SSM）对其进行分析。SSM 是由切克兰德（P. Checkland）教授等人从系统的角度提出的一种认知和处理复杂问题的方法，他们认为 SSM 能在逐步逐层分析和理解系统所面对的复杂环境、复杂问题的基础上，提出具备逻辑合理和现实可行的解决方案。目前，SSM 日益成为一种分析复杂问题的有效工具。SSM 认为，任何一个被分析（评价）的对象都可以从三个问题——为什么做（R）、做什么（P）和怎样做（Q）入手，逐步逐层展开系统分析，且任何系统都可以从产出（E1: efficacy）、效率（E2: efficiency）和效果（E3: effectiveness）三个方面来监控。其中，E1 用于衡量系统自身的产出，E2 用来体现系统对资源的利用情况，E3 用于衡量本系统产出对其上级系统目标的贡献。这里所言 3E 理论就是指切克兰德教授提出的 3E 监控思想，即产出（efficacy）衡量自身的产出，效率（efficiency）体现系统对资源的利用情况，效果（effectiveness）体现本系统产出对其上级系统的作用。

笔者认为，3E 理论可以作为构建高校科研评价体系的理论基础。这是因为，高校科研的投入与产出转化过程的成效可以通过 E1、E2 和 E3 来分别评价，其中：E1 与 P 相关，评价高校科研的直接产出或增加的产出，如高校发表论文、出版著作、获取项目、培养人才等；E2 与 Q 相关，注重是否能用最少的资源或最短的时间获得更多的产出，如人均论文数、人均专利数、人均获取经费数等；E3 与 R 相关，关注这些科研产出是否与上级决策或管理部门的价值导向一致，如高校发表的论文、获得的专利是否具有创新性和影响力，是否能提高科技竞争力和促进国家经济发展等。以 SSM 系统分析为基础，立足 3E 理论构建高校科研评价指标体系的方法具有五大特点：一是在逐步逐层分析评价对象内部功能与外部环境、发展战略与评价目的、不同层面权益人需求基础上构建评价体系；二是从不同层面、不同评价维度遴选的评价指标互为支撑、相互补充，可以构成一个逻辑严谨的评价指标体系；三是最终确定的评价指标能够满足科研评价系统的需求，且具有足够的操作性；四是对各个评价指标的内涵界定相对清晰；五是评价指标既可用于诊断性评价，又可用于排序性评价。尤其是，在此基础上建立的评价结果更具有目标性、系统性、透明性和可比性。

第二节　高校科研评价体系的构建措施

一、开展高校科研评价舆论宣传

应引导高校强化科研质量意识，形成自觉自愿接受科研评价的态度，彰显高校科研评价体系的重要价值。政府高度重视高校科研评价，并极力强化各级各类高校提升科研质量的意识，是构建成熟的高校科研评价体系的前提。在我国，高校科研作为科教兴国的中坚力量和急先锋，为国家的经济和社会发展提供了卓越非凡的动力，在国家科技创新体系中的地位不断提高，是国家科技创新的王牌军。高校获得国家政府部门科技投入的比例在不断提高，高校科研对经济发展和社会进步的贡献在与日俱增。当下，人们已经普遍意识到通过评价手段促进科研质量提升的必要性，并在科研质量评价问题上作了诸多探索。只有政府和科技管理部门、高校科研研究者高度重视、思想认识到位，才能加大投入，强力推进，才有可能构建科学合理的高校科研评价体系，进而提高高校科研质量与水平，为国家的科技创新做出更多的贡献。

二、建立高校科研评价专门机构

政府、高校、社会三方参与，依据"谁主管、谁负责"的原则，按照课题立项管理单位的类型不同和层级不同，分别设立相对应的高校科研管理评价专门机构和人员。课题立项管理部门直接对科研项目质量负责，该部门对科研项目申报征集、项目评审、项目中后期检查、项目结项、项目成果公布和应用转化全程负责。这样，全国哲学社会科学工作办公室、国家自然科学基金委员会、教育部等部门及下属层级部门都应成立相应的高校科研管理专门机构。按照"监督管理分离"的原则，在此专门机构基础上，国家还要成立科研评价机构监督委员会，负责对各部门和各科层高校科研评价专门机构进行监督检查和管理，实行高校科研评价机构专门化。当然，政府虽设立高校科研评价机构，但由于政府公务员的专业有限性，在高校科研评价中也必须大量依靠科研项目的同行专家来鉴定评审，使高校科研评价同行化，注重以同行评价为主导。

设立专门评价机构，是搞好高校科研评价工作的基石。具体建议如下：

（一）设立国家层面的科研评价机构

我国可以由科学技术部、教育部等部门牵头成立高校科研质量评价机构，使高校科研评价机构国家化，提高高校科研评价机构的层次和效度。目前，澳大利亚、英国、法国等国家就是使高校科研评价机构国家化，如澳大利亚研究委员会开展的科研评价经历了从"综合指数"（Composite Index）到"科研质量框架"（Research Quality Framework, RQF）再到"澳大利亚卓越科研"（Excellence in Research for Australia, ERA）的转变。英国的高校科研评价是由政府主导的，政府在全英范围内推行了从"科研评价机制"（Research Assessment Exercise, RAE）到"研究卓越框架"（Research Excellence Framework, REF）的评价体系转变。此外，法国国家评价委员会、意大利国家大学评价委员会、德国科技政策咨询委员会、日本科学技术会议政策委员会下设立技术评价分委员会都是这种形式。

（二）设立民间科研评价机构

从国家的层面和从部门的层面设立高校科研评价机构，无论它们有多科学，有多透明，有多公正，它们的官方性质都是十分明显的，为了更大限度体现评价的公平、公正与公开，需要一些非官方性质的高校科研评价机构来弥补官方性质的评价机构的不足，使高校科研评价机构的组成更加科学化。值得指出的是，非官方性质的高校科研评价机构的出现，彰显了注重中介组织的参与评价的理想愿望。前文所述的 20 世纪 90 年代初荷兰大学协会（Association of Universities in the Netherlands, VSNU）就是非官方的民间科研评价机构。美国国家科学研究委员会（The National Research Council, NRC）就是作为民间非营利组织对科研成果进行评价，有利于增强大学科研评价的科学性、公正性、透明性。

三、培育高校科研评价专业人员

目前，专业化的高校科研评价人员较为缺乏，仅仅靠高校科研部门的科研管理人员是不行的，他们不够专业，专业的事应该让专业的人去做。高校科研评价人员需要专业化发展，通过参加专业教育或自学，获得高校科研评价的专业知识，提升科研评价的职业素养，提高高校科研管理的水平。高校科研管理的专业化、科学化和规范化都还存在一些问题。比如：高校科研评价人员缺乏一定的创造性；高校科研评价人员多以兼职为主，缺乏明确的职业定位；高校科研评价人员的知识结构不太合理，专业背景和学科背景都存在一定的局限性。因此，高校科研评价人员应自觉地提升职业素养，相关部门应组织专门的科研评价职业素养培训，制定激励机制激发科研管理人员的工作热情，进一步完善高校科研评价管理的有关制度，提升高校科研评价人员的工作效率和管理水平。

四、收集高校科研评价有效数据

全方位、立体化收集相关科研数据，不能局限于科研队伍、论文与著作数量或科研项目与经费、科研基地与重点学科等某几个方面的数据。

高校科研评价离不开数据，建立系统、全面、权威的数据库，提高真实性是搞好科研评价的基础性工作，为此，应做到以下几方面：

第一，建立国家层面的权威数据库。建议教育部设立高校科研数据库，收集和整理全国高校所有的科研队伍和人员、科研项目、科研条件、科研进展、科研成果、科技转化等方面的数据，特别是收集和认可科技成果方面的论文、专著、专利、获奖等方面的数据。

第二，建立面向全国的高校科研评价管理网站。该网站可以为高校科研评价管理提供有效平台，对把控高校科研项目质量起到很好的促进作用。

第三，规范高校科研网站管理，要求高校发布真实信息，公布可靠数据，加强对民间机构发布数据的校正、厘清。一些民间机构出于趋利考虑和自身责任的异化，可能会出现所发布的数据不真实、不系统、不严谨的现象。这样就需要有关部门及时予以干预，帮助这些民间机构端正态度、校正数据、厘清真伪。

第四，充分利用国外、国内知名数据库，为高校科研评价提供参考依据。加强个性化数据平台建设，可以提高定量评价指标的基础数据质量。建立并逐步完善适合个性化评价需要的内部共享科研产出数据平台，成为提高定量指标科学性的重要基础工作。

五、加强高校科研评价过程监督

强化高校科研管理，并严格其评价实施，是搞好高校科研评价工作的关键。有了正确的高校科研评价取向，必须强化过程管理，严格操作过程，这是搞好科研评价的关键所在。

其一，从国家及政府层面来看，要加强对高校科研评价的管理和监督。高校科研评价不是什么机构都可从事的工作。国家和科教部门要从严审批官方和民间的评价机构，建立科研评价机构准入和牌证发放制度、年检制度，对有争议的科研质量评价实行仲裁制度，对违法乱纪行为实行举报查处制度，避免出现大学排名过多过滥的现象。

其二，评价机构的评价要坚持科技创新的价值取向和质量第一的指导思想，秉持"公平、公正、公开"的原则，公开评价标准、程序、项目、评委专家、评价时间，公布评价过程、计算公式、评价结果，公平、公正地评价每一项科研成果。

其三，评价人员包括参与评价的评委专家，要恪守良知，遵纪守法，按章办事，不谋私利。

其四，被评人员及项目成果所有人，严禁弄虚作假、伪造数据，严禁拉关系、走后门。被评人员及项目成果所有人要以平常心对待评价，着眼于通过评价找到自己的不足和努力方向，进一步提高自己的科研质量。

六、完善高校科研评价相关制度

完善高校科研评价相关制度需要顶层设计，立法保障，监管有力；立足创新，着眼激励，确保发展；实行代表作制度，降低数量，确保质量；规范评价周期，注重过程评价，建立中长期考核制；完善评议制度，建立网上评价机制等。

（一）顶层设计，立法保障，监管有力

从我国高校科研评价的现实状况看，当下行之有效的立法规范思路主要有二：

其一，修改及完善《中华人民共和国高等教育法》的相关规定，从宏观层面明确高校科研评价的意义、作用、地位和原则，指导高校科研评价。

其二，在科学技术部、教育部、中国科学院、中国工程院、国家自然科学基金委员会联合下发的《关于改进科学技术评价工作的决定》的基础上，出台专门的科研评价法或高校科研评价法，调整政府与高校、高校科研评价主体与客体、科研人员与科研成果等的各种关系，明确各方的权利和义务及监督机制，规定科研评价的价值取向、评价目标、评价内容、评价方法、评价程序、评价标准、评价机构等。

把各类高校科研评价纳入法制化管理的轨道，有助于保证科研评价的准确性和公正性，促进科研质量的提高。

（二）立足创新，着眼激励，确保发展

创新是科研的生命线，立足创新的价值取向是构建成熟的高校科研评价体系的根本。为做好高校科研创新工作，我们必须把握如下几点：从评价目标上看，我们需要明确高校科研评价工作中的主要问题，倡导质量第一，克服功利主义和浮夸浮躁心理，营造科技创新的氛围，正确引导高校科研评价

工作；从评价内容上看，提倡务实评价，建立立足国情并与国际接轨的评价内容，逐步完善各类评价指标体系；从评价方法上看，加强具体指导，明确职能定位，规范科研评价方法；从评价程序上看，坚决反对任何形式的学术不端行为，避免过繁过重和虚假的科研评价活动；从评价标准上看，以科学、合理、可行为原则，区别不同评价对象，区分各类评价标准，坚决反对浮夸作风，坚决反对短视行为，客观评价非主流、非共识、非名人的科研结果，营造良好的创新氛围。

（三）实行代表作制度，降低数量，确保质量

质量是高校科研的核心，科研评价是对高校科研工作者学术水准认证的方法，代表作制度可以有效弥补科研成果数量和质量的线性关系。代表作制度在国外比较盛行，国内有部分高校在大胆尝试。实行代表作制度的原因非常简单，只有学术精品力作，才能反映学者的真实水平。如中国人民大学从2009 年开始在全校范围内推行论文代表作制度，过去有的学科评选教授需要6 篇核心论文，副教授要求 4 篇，现在数量标准已降到很低，甚至一篇有学术分量的代表性作品便可替代，而且邀请校外专家对之做匿名评审，并将专家评审意见提交学校评聘委员会。这改变了过去科研评价重数量的做法，可有效铲除科研急功近利的温床，值得高校推广。

这种评价方式在实际操作中并不排他，可以和传统的量化标准结合使用，根据不同学科、不同科研机构的特点因地制宜，最大限度地反映学者的客观水平。

（四）规范评价周期，注重过程评价，建立中长期考核制

适当缩减定量评价使用范围，延长其评价周期，降低潜在消极影响。世界上很多学术大师，一生中有影响和独特创见的论文或专著数量并不多，而探索性的科研活动所产生的经济效益或社会效益也并非在短时期内所能呈现

的。故而，人们很难在短时期内对一项科研成果做出合理评价。目前，我国许多高校科研绩效考评都是按年度进行的，这种重短期效益、轻长期积累的评价方式显然与科学研究的本质相悖。科研评价不应过于频繁，而应以中长期为主，以避免急功近利的快餐效应产生。建议高校教师的科研考评周期以3～5年为宜，部分特殊专业可考虑延长至5～10年甚至更长时间。科研评价的首要任务是对科研活动的科学价值和社会价值进行判识，因此不能简单地用数量代替质量，要始终将质量放在第一位。

（五）完善评议制度，建立网上评价机制

要使学术回归本真，高校科研评价还需以配套的制度作支撑。评议制度是国内外公认的最为合理的科研评价制度，但同行评议的功能、程序、环节还存在诸多亟待完善之处。我国高校科研评价中的同行评议一般常用单盲法，为尽可能避免各种因素的干扰，确保评价公正、合理，尤其是对参与评价的专家进行约束，在同行评议中应实行双向匿名制、利益冲突回避制及专家组定期轮换制等。

另外，高校可创造条件建立网上评价系统，适时建立网上评价机制。网上评价具有许多优势：可以实现真正的匿名评审，保证评价的公正性，可以促进学术交流，也能及时地反馈评价意见，成本低、效率高，还有利于排除各种干扰。

第八章　高校科研管理的信息化建设

科研管理信息化是社会信息化的一个方面，我国的教育科研网以及各高校建立的校园网，为高校进一步加快科研管理信息化、网络化进程奠定了坚实的基础和良好的支撑环境。面对新形势，一些传统的科研管理方法和观念已难以满足时代发展的需要，运用信息网络来改造科研管理工作现行的思维和管理模式，是高校科研管理部门面临的新任务之一，因为只有利用现代信息技术，尤其是网络技术来提高管理的效率和水平，才能更好地服务于高校的科研工作。

第一节　科研管理信息化的意义

一、促进科研信息资源的获得、共享与成果信息传递

高校科研人员利用网络可以方便地检索国内外科技信息与最新科技动态，大大降低重复研究的可能性，使有限的科研资源得到优化配置，产生较大效益。通过网络系统，可以实现科研管理信息资源共享，高校科研人员可以随时调用、查询系统上的各种信息数据，方便进行学术交流与合作研究。

长期以来，高校科研成果转化率低，难以形成产业化，这制约了我国高校科技水平的进一步发展，其中推广手段落后、信息渠道不畅是导致这种情

况出现的主要原因。信息网络化则为技术成果发布、技术投资等开辟了新天地，产业部门可广泛地从高新技术开发信息中选择、开发适合自身的高新技术，而高校则可以从信息网络上广泛吸收产业部门和社会的需求信息，以确立新技术开发的方向，从而实现高校与产业部门之间的良性互动。

二、提高各项数据统计的科学性与准确性

高校科研管理部门与各学院系所可以通过网络实现数据互联，快速完成数据的采集工作，随时汇总、统计原始数据信息，再通过设计各种数据报表、换算程序使用这些信息，这样得来的信息数据更加准确和可靠。科技统计工作也可由年报变成随时获取，例如实现科研工作量的自动核算。由于系统可自动根据项目、成果、奖励、学术活动等基础数据计算出需要的科研工作量，因而有利于达到学校科研工作量的量化标准。这样的汇总工作不仅为年终统计提供了极好的铺垫，而且为各项申报工作打下了坚实基础。

三、提升科研管理工作效率与水平

高校科研实行网络化管理、网上办公，使信息交换更加方便、快捷。通过电子邮件等多种网络化手段传递信息，实现了无纸化办公，简化了工作程序，减少了工作量，节省了人力物力，可以方便地实现科研人员与管理人员之间的互动，提高科研管理工作效率。

高校多校区管理是一个难题，而网络技术的应用较好地解决了这个难题。通过网络技术的应用，各校区可以突破时空的界限，实现信息互动、资源共享，在一定程度上节省管理成本。从科研管理的有效性与稳定性来看，网络技术能极大地提升管理的效率与精确度，使由校区分散所带来的复杂问题简

单化。

信息化可以促进高校科研管理的规范化、流程化。在传统条件下，高校科研管理存在随意性，而计算机技术的应用在客观上要求管理工作规范化，实现机上作业，这样可以提高作业效率，也便于管理信息的加工处理与分析，还能为管理人员的决策和管理提供科学依据，实现管理效益的大幅度提高。

四、提供科研计划决策的基础与依据

高校科研决策人员可以通过网络信息的统计分析，对学校科研工作的全局有一个量化的概念，也可以针对某一具体问题，在网上迅速汇集来自不同方面的第一手管理资料，统计出各项管理指标的变动情况。动态的数据中心和科研管理平台，可以全面、实时、准确地提供相关科研信息，服务于科研人员，并为全校整体科研工作的推进提供重要参考。

从科技计划管理的各阶段看，信息网络化在科研立项、鉴定验收、评奖等阶段可提高公正、公平、公开的力度，例如在项目执行阶段信息网络化可起到适时跟踪指导、检查评估的作用，能及时提供所需信息，以此作为科研决策的依据，从而提高科研管理决策的科学性。

第二节　科研管理信息化的特点

科研管理的信息化建设是一项系统工程，推进信息化建设不仅要求科研管理信息的网上运行，还涉及管理过程的方方面面。因此，在实际工作中，需要了解科研管理信息化的特点，并根据这些特点进一步加强和完善科研管理工作，进而提高科研管理工作的水平和效率。

一、远程性

超越时空界限是现代计算机网络的一大重要特点。信息在网络上传递几乎是瞬时的，距离不再是信息交流的障碍。因此，高校科研管理可以充分利用这一特点，加强管理部门之间、管理部门与科研人员之间的信息交流。科研管理网络投入运行之后，各种通知、通告可以在网上发布，如项目申报的通知、申请书等，科研人员可以通过上网即时得到，这大大减少了传递纸质文件的麻烦。

二、规范性

信息技术本身要求数据的规范化。科研管理人员通过人机界面的技术处理，可以有效地规范数据，使通过网络提交的科研管理信息符合设计要求。这一特点不仅保证了数据质量，提高了信息加工处理和分析的效率，也为科研管理营造了一个规范化的环境。

三、动态性

计算机网络技术使科研管理实现了动态化、即时化。科研管理人员能够即时获取所需信息，随时掌握最新数据，了解科研动态，从而提高决策能力，缩短决策周期。

四、集约性

信息的处理必须考虑经济效益和社会效益。网络环境下的科研管理工作具有传统方式无法比拟的优势，这就要求以最低的费用支出来获得更多的信息，而且要求以最低的成本获得更有价值的信息。建立经济而又高效的信息处理系统，不但可以使管理效益大幅度提高，节约大量的人力、物力和时间，而且可以使管理人员不再忙于上传下达，而是将更多的时间与精力转向以提高学校的科研水平和学术地位为目的的导向性工作，这是集约化管理带来的管理层次的提高。

五、广泛性

在高校加强管理的信息化、网络化建设后，许多科研信息能够在网上或其他平面媒体上查阅到，这不仅使信息能够更加广泛地传播，而且在宣传科研成果的同时也能够间接地宣传学校，提高学校的声誉和效益。

六、及时性

信息的及时性，要求信息必须以最快的速度进行处理。一是要求信息管理人员适时地记录、收集出现的各种信息；二是要求信息管理人员以最快的速度对信息进行加工并将信息传递给各有关部门。由于信息具有时效性，其价值与提供的时间成反比，时间的延误将会使信息贬值甚至丧失价值。

七、真实性

信息要如实反映客观情况。信息管理人员在收集信息过程中，必须保证信息的真实性和可靠性，在加工过程中，必须防止和减少各种干扰，保证信息不失真。假信息、失真信息比没有信息危害更大，因此高校要特别注意防止此类现象的发生。

八、适用性

处理后的信息必须能满足学校管理的需要且便于利用。

在信息收集阶段，信息必须完整；在加工阶段，信息管理人员必须根据管理的需要对信息进行分类整理，以便传输、利用信息；在传输阶段，信息管理人员必须根据本单位的要求和情况，寻找相适应的高效的媒介手段；在存储阶段，信息管理人员要注意对信息进行分类、登记、编码、归档，以便今后查询和利用信息。

第三节　科研管理信息化系统的构建

一、科研管理信息化系统的构建方案

应建立集行政管理活动、科研活动等事务于一体的内部网络平台，并将网络平台作为基础，建立独立性较强的功能应用系统，如人事管理信息化系统、科研管理信息化系统等。科研管理信息化系统通过网络平台可以进行所有资料的调动，形成自己的人员数据库。在建立科研管理信息化系统时，应全面考虑高校科研管理的日常流程和相关的业务，并将其作为基础，建立一个能够相互联系和沟通的科研信息环境；还应全面考虑内外环境条件发生的实际变化，将科研信息本身的作用更好地发挥出来。科研管理信息化系统应当具备科研信息的收集、科研信息的传递、科研信息的处理、科研信息的储存、科研信息的反馈等功能。

二、科研管理信息化系统的模式

在使用科研管理信息化系统时，拥有权限的往往是以下几种用户：科研人员、科研管理人员、系统管理员等。科研人员指的是在一线开展科学研究的工作人员，科研人员需要做好科研项目、科研成果以及获奖情况的申报工作、登记工作、查询工作、统计工作和维护工作等。对于科研管理信息化系统而言，绝大多数的业务数据都是科研人员输入并产生的。科研管理人员具有审核权限、维护权限、统计权限以及查询权限等。系统管理员往往是某个项目的领导或者是分管领导，可以进行纵向数据以及横向数据的统计和查询。

以内部网络平台为基础建立的科研管理信息化系统模式，其核心是功能比较强大的网络科研信息化管理体系，能够很好地规范、分析、整合和归类各个部门以及个人所提供的那些比较凌乱的数据。科研人员通过信息化管理系统可以随时进行交流和沟通，并获取信息。

三、科研管理信息化系统的功能模块

在进行科研管理信息化系统建设时，可以选择 B/S/DBMS 三层模式进行设计，也就是浏览器和WEB服务器以及数据库服务器这三层重要的系统结构。系统的功能模块包含科研信息管理模块、科研信息服务模块这两个重要的组成部分。科研信息管理模块主要是科研管理人员进行网络化管理体系构建的产物，通过科研信息管理能够切实实现科研管理的现代化，而科研信息服务模块则可以给研究人员提供相关的科研信息，为其更好地进行科研提供服务。

（一）科研信息管理模块

这一模块的使用者往往是科研管理人员，有助于科研管理人员比较轻松地进行科研信息管理，并使科研管理工作更加规范和科学。科研信息管理模块主要包含以下内容：

（1）纵向项目管理，主要包含纵向项目本身的立项管理、纵向项目的变更管理、纵向项目的结题管理、纵向项目的过程管理、纵向项目的维护管理以及纵向项目的查询管理等。

（2）横向项目管理，主要包含横向项目的立项管理、横向项目的变更管理、横向项目的结题管理、横向项目的维护管理以及横向项目的查询管理等。

（3）经费管理，也就是管理项目经费，主要包含立项经费管理、到账经费管理、配套经费管理等，在管理好这些基本信息的情况下，还需建立经费明细。

（4）成果管理，主要包含论文管理、鉴定成果管理等，对各种成果需要做好审核、登记、维护以及查询等方面的工作。

（5）基地管理，主要包含管理基地信息、管理基地申报等。

（6）学术活动管理，主要包含学术交流管理、学术会议管理以及学术报告管理。

（7）考核管理，主要包含考核方案的管理、考核结果的查询、考核计算管理以及考核结果管理和考核工作量分摊。

（8）统计管理，需要为业务部门提供其需要的相关统计信息。

（9）系统管理，主要管理模块的查看授权工作、角色权限工作、对象的属性以及相关参数的设置，其管理的对象是系统本身。

（二）科研信息服务模块

这一模块主要包含横向项目管理、纵向项目管理、基地管理、成果管理以及考核管理等几个重要的模块，能够帮助科研人员更好地参与到科研管理中去，并为科研人员开展科研工作提供信息服务。

第四节　高校科研管理信息化的
问题和应用

我国的网络科技发展比较迅速，大数据的出现与应用方便了人们的生活，也引起了政府等相关部门的重视，如果能更充分地利用数据信息，科技和经济的发展空间就会更大，大数据就可以带来巨大的价值。高校科研是推动我国科技发展的要素之一，但是高校的数据管理方面不够完善，会导致科研成本增加，如果能将大数据应用于高校的科研管理当中，就可以提高高校的科研信息管理效率，节约高校科研成本。

我们现在生活在一个信息爆炸的时代，如何在众多的信息中提取有用的信息成了一件很重要的事，大数据技术就可以解决这个问题。借助大数据技术，人们可以对以往数据进行分析，从而对现在发生的情况进行决策。大数据具有规模性、多样性、高速性、价值性的特征。大数据的信息规模非常大，内容比较繁多，对信息处理的速度又很快。因此，在高校科研管理中应用大数据技术可以帮助高校科研人员迅速找到所需信息，降低高校科研人员的工作难度，提升工作效率。

一、高校科研管理信息化的问题

（一）高校科研管理系统停留在信息收集阶段

高校科研管理系统还处于信息收集阶段，并且信息收集机制也不够完善。在对这些信息进行处理时，高校科研管理系统只具备基本的录入功能，不能对信息进行有效的处理过滤。高校科研管理人员在进行项目决策时也难以利用以往的数据，这对项目的申报审核过程造成了困难，浪费了时间和金钱。部分高校在建立数据库的时候花费了很多精力，但是数据库在真正需要使用时所起到的帮助作用十分有限。科研活动本就是以数据作为研究基础进行研究的，在原有研究成果信息基础上进行查询、关联、探究，就需要从大量的信息中提取有效的信息进行参考，这样的管理系统不能满足当下的科研需求。只有完善科研管理系统，对数据信息进行合理利用，才能方便科研工作人员研究，使其更加精准地提取所需要的信息。

（二）高校科研管理系统信息利用率低

当前高校的数据库中信息种类较多，比较繁杂，大数据技术应用机制不够完善，科研管理部门只是将信息进行简单收集，信息和信息之间关联不多，导致信息难以实现共享，价值得不到体现。信息的监管意识淡薄，信息的可视化程度不高，导致人们难以寻找到所需内容。各部门之间的协同配合困难，这种信息的流通不畅导致高校信息管理人员的工作量过大，降低了工作效率，浪费了大量的时间。我国高校的一些科研管理人员对信息的管理不是很重视，而是更注重掌握科研大方向的成果，也懒于创新。长此以往，信息越积压越多，但是信息的利用率越来越低。

（三）高校科研管理人员信息安全意识不强

国家的科研成果不仅是科研人员的心血，也是国家的机密，但是目前部分高校科研管理人员的信息安全意识不强。他们缺乏预防的理念，未意识到科研成果对国家的重要性，对自身的责任与权益并不明确，对国家关于科研资料保密的相关法律法规没有了解。

二、高校科研管理信息化的应用

（一）利用大数据技术处理信息

有关部门应根据我国高校科研的特征，对高校信息进行科学的处理，在我国高校科研进行立项决策的时候要充分利用大数据技术对信息进行筛选对比，辅助进行决策，还要充分利用大数据技术对项目的研究领域或历史研究成果进行分析筛选，尽量规避风险，对各方分析可行的项目，及时予以资助。在科研项目立项之后，有关部门要对信息进行细致的收集整理，收集专家信息、申请人信息、经费使用信息等。

在应用大数据技术筛选信息时也要注重项目是否合理。传统的高校信息管理系统只能对项目信息的数据进行保存，对项目的决策没有辅助作用，不能有效分辨所需研究的项目是否具有重复性，一旦项目重复就会浪费大量资金、时间。应用大数据技术处理信息的方式可以从根本上杜绝信息重复的问题，通过外部与内部大量信息的挖掘、筛选、审查，科研项目会更有保障。在整个科研进程当中，科研管理人员可以应用大数据技术进行信息处理，对整个科研过程进行数据动态管理，从而有效防止数据遗失，让科研数据更加清晰，实时为科研人员提供更加精准的信息，降低科研人员的工作强度。管理系统只能保存大量的表层信息，只有将大量的信息进行深度挖掘才能充分利用有用的信息。

（二）提升高校科研信息管理系统的利用率

要想提升高校科研信息管理系统的利用率，促进科研成果转化，就需要让科研人员共享科研数据，进而使科研人员能够不断创新。在共享的过程当中不仅要将科研信息进行关联，让科研人员可以找到所需的信息，也要使科研的成果落地。

若要将科研成果与外部进行连接，则可采用平台式分享的方式，积极向社会推广科研成果，使科研成果促进经济发展。科研管理人员可以利用大数据技术将外部信息和内部信息进行整合，通过对外部数据的分析，明确了解外部市场需求，实现知识成果共享，让院校的研究更贴近于生活需要，避免研究课题都成为空中楼阁。

（三）增强信息安全意识

在这个信息爆炸的时代，信息存在着安全隐患，人们在应用大数据技术的同时也要注重对信息的保护。科研信息关乎我国的经济发展，更要受到重视，因此要增强科研管理人员的信息安全意识。在进行科研管理的过程中，科研管理人员要以信息安全为首位。大数据技术本身就存在一定的风险性，利用大数据技术进行科研决策分析时就更需要科研管理人员对信息进行保护。科研管理人员也要提升自己的责任感，增强法律意识，引导科研人员将研究成果在法律允许的范围内采用大数据技术与外界进行关联。

大数据技术的出现极大地便利了人类的生活，但是大数据技术的应用也存在两面性。应用大数据技术可以在研究过程中节约科研经费，科研人员通过数据分析可以与实践进行接轨，促进经济发展，但是大数据技术的应用也存在一定的风险性，这就需要高校科研管理人员在应用实践的过程中不断进行创新改进，促进科技与经济的同步发展。

参 考 文 献

[1] 曹玥. 新时代下高校科研管理工作创新探讨[J]. 知识文库，2023，39（24）：159-162.

[2] 邓科，张容涵. 基于大数据技术的高校科研管理服务平台优化[J]. 自动化技术与应用，2023，42（1）：134-137.

[3] 丁正锋，王园. 技术成熟度视角下的高校科研管理探索[J]. 产业与科技论坛，2023，22（4）：221-222.

[4] 高倩. "互联网＋"背景下高校科研管理工作的转型思考[J]. 黑龙江教师发展学院学报，2022，41（9）：15-17.

[5] 韩启飞，鲍锦涛. 高校科研管理工作现状及创新发展思考[J]. 高教学刊，2022，8（32）：22-25.

[6] 韩仁瑞，李佳塾. "一站式"服务理念下高校科研管理系统的设计与实践研究[J]. 中国管理信息化，2024，27（7）：167-169.

[7] 韩星. 高校科研管理与服务工作中存在的问题与对策研究[J]. 山西青年，2023（24）：178-180.

[8] 胡黄. 新时代高校科研人才培养与创新[M]. 海口：南海出版公司，2023.

[9] 胡赛，孔言，王博. 大数据背景下高校科研管理成效的提升路径研究[J]. 科技传播，2023，15（20）：40-42，78.

[10] 胡学英，高建设. 容错机制在高校科研管理中的应用价值及构建路径[J]. 特区经济，2023（11）：65-68.

[11] 纪开芳. 论高校科研经费管理与核算[M]. 昆明：云南科技出版社，2022.

[12] 李铭. 高校图书馆科研支持服务模式研究[M]. 北京：经济日报出版社，2022.

[13] 李楠,祁金生.基于区块链技术的高校科研管理系统设计[J].无线互联科技,2024,21（3）：34-37.

[14] 李润华.高校科研项目资助绩效第三方评价制度的国际比较研究[M].天津：天津人民出版社,2022.

[15] 刘莉,董彦邦."双一流"建设高校科研人才评价：目标群体认同与分类建构研究[M].上海：上海交通大学出版社,2022.

[16] 刘笑.创新合作对高校科研绩效的影响机理[M].长春:吉林大学出版社,2020.

[17] 刘洋,李小龙,蒋辉.高校科研团队合著网络结构分析[M].西安：西安交通大学出版社,2018.

[18] 刘志铭.广东高校科研育人工作研究[M].广州：广东高等教育出版社,2022.

[19] 吕静.以地域文化为载体的高校科研管理研究[J].中学地理教学参考,2022（18）：107-108.

[20] 吕清维,李燕,高擎.高校科技成果转化的科研管理创新研究[J].中国高新科技,2022（21）：96-97.

[21] 梅丹.地方高校科研管理存在的问题及其创新措施[J].科技资讯,2022,20（10）：174-176.

[22] 孟巾帼.信息化时代下高校科研管理人员素养标准与提升对策探讨[J].大众标准化,2022（23）：168-170.

[23] 潘睿劼.高校科研管理队伍建设的现状及对策分析[J].大众标准化,2023（21）：119-121.

[24] 乔芳菲.数字信息技术赋能高校科研管理工作研究[J].吉林广播电视大学学报,2024（2）：25-26,57.

[25] 任旭东,马国建.新时代高校科研育人理论与实践[M].镇江：江苏大学出版社,2021.

[26] 邵星源，鲁韦韦.高校科研管理信息化平台建设探究[J].中国教育学刊，2023（5）：158.

[27] 孙鸿鑫.大数据背景下高校科研管理存在的问题及对策[J].海峡科技与产业，2023，36（8）：90-92.

[28] 徐红，陈承.构建与实施：高校科研评价体系研究[M].武汉：华中师范大学出版社，2018.

[29] 闫淑敏，张煜良，夏青.高校科研人员薪酬体系与科研热情研究[M].上海：同济大学出版社，2021.

[30] 杨帆.高校科研管理与思想政治工作融合发展[J].中学政治教学参考，2023（21）：83.

[31] 杨天一，包春宇.高校科研管理系统的设计与实现[J].辽宁科技学院学报，2024，26（2）：47-51.

[32] 杨文静.高校科研经费管理与实践[M].北京：北京邮电大学出版社，2022.

[33] 叶伟萍.高校科研合作效能研究[M].武汉：湖北教育出版社，2022.

[34] 张慧玲，周晓光.高校科研管理效能提升路径的探析[J].中国林业教育，2022，40（5）：19-24.

[35] 赵丽娟.高校科研管理的理论与实践探索[M].北京：北京理工大学出版社，2019.

[36] 赵园.高校科研管理的要素分析：基于系统理论视角[J].创新创业理论研究与实践，2022，5（21）：63-65.

[37] 赵园.系统观下应用型高校科研管理优化路径研究[J].齐齐哈尔师范高等专科学校学报，2023（3）：1-3.

[38] 周湘林.高校科研诚信问责制度建设研究：基于"问责链"理念[M].武汉：华中科技大学出版社，2022.

[39] 周雪.全流程管理理念下高校科研管理系统发展现状探索：以常州大学

为例[J].办公室业务，2022（24）：59-61.

[40] 朱亮.高校科研经费内控管理风险防范[J].合作经济与科技，2024（8）：120-122.

[41] 朱守丽.从管理创新视角看大数据与高校科研管理[J].产业与科技论坛，2023，22（2）：281-282.